UNE EXPÉRIENCE ÉCONOMIQUE

LA MINE AUX MINEURS

De Monthieux (Loire)

PAR

Joseph BRÉCHIGNAC

Docteur en Droit

Avocat au Barreau de Saint-Étienne

LYON

LIBRAIRIE PAUL PHILY

8, Place Bellecour, 8

1911

UNE EXPÉRIENCE ÉCONOMIQUE

LA MINE AUX MINEURS

De Monthieux (Loire)

PAR

JOSEPH BRÉCHIGNAC

DOCTEUR EN DROIT

AVOCAT AU BARREAU DE SAINT-ÉTIENNE

LYON

LIBRAIRIE PAUL PHILY

8, Place Bellecour, 8

1911

SOURCES

A. — SOURCES BIBLIOGRAPHIQUES

BENOIST (Charles). — La Crise de l'Etat moderne. L'organisation du travail. (Revue des Deux-Mondes, 1908, page 647).

BOSSAKIEWICZ. — Histoire générale de Saint-Etienne, 1 vol. in-8°, La Fère, 1905.

BRÉCHIGNAC et MICHEL. — Résumé de la jurisprudence en matières de mines. 1 vol. in-8°, Théolier, St-Etienne, 1886.

BROSSARD. — Etudes historiques sur la propriété, l'exploitation des mines de houille dans le Département de la Loire. Saint-Etienne, Balay, 1887.

BRY (Georges). — Cours de législation industrielle. 4° édit. Paris, Larose, 1909.

ETIENNE, ingénieur au corps des mines, docteur en droit. — Cours de législation professé à l'Ecole des mines de Saint-Etienne. 1 vol. in-4°, Théolier, Saint-Etienne, 1900.

GIDE (Charles). — Principes d'Economie politique, 1 vol. in-18, Paris, 11° édit., 1908.
— Economie sociale, 1 vol. in-18, Paris, Larose, 1907.
— Parti ouvrier et Coopération. Conférences. Paris, Larose, 1900, in-8°.

HEITZE. — (Traduction) Capital et travail. Paris, Larose, 1898, in-8°.

HOUPIN. — Traité des Sociétés. 2 vol. in-8°, 3ᵉ édit. Paris, Larose, 1899.

JAURÈS. — Discours parlementaires. Paris, Cornély, 1887.

LEROY-BEAULIEU. — Etudes sociales : La Coopération (Revue des Deux-Mondes, livraison du 1ᵉʳ décembre 1893, p. 565 et suiv.).

LESCURE, ingénieur des mines. — Historique des mines de houille du Département de la Loire. 1 vol. in-8°, Saint-Etienne, Théolier, 1901.

LYON-CAEN ET RENAULT. — Traité de Droit commercial. 2ᵉ édit. 8 volumes. Paris, Pichon, 1889, tomes I et II.

DE MAROUSSEM. — « Le Piqueur sociétaire », monographie publiée dans « Les Ouvriers des Deux Mondes », Paris, 1898.

OFFICE DU TRAVAIL. — Les Associations professionnelles ouvrières. 2 vol. 1899. Imprimerie nationale.

PIC. — Les lois ouvrières. 1 vol. in-8°. Paris, Rousseau, 1909, nᵒˢ 57 et s., 152, 157, 1342, 1375 et suiv.

RAMBAUD (Joseph). — Eléments d'Economie politique. 2ᵉ édition, Paris, 1896.

—   Histoire des Doctrines économiques, 2ᵉ édit. Paris, 1902.

RÉPERTOIRES. — Fuzier-Herman. Vᵒ Sociétés.
               Pandectes françaises. Vᵒ Sociétés.
               Dalloz et Supplément. Vᵒ Sociétés.

THALLER. — Traité de droit commercial. Paris, Larose, 1904.

Revues, Brochures et Journaux

REVUES. — Annales de la Coopération française. Années 1889-1909.
—   Annales des Mines. Année 1897. Tomes XI et XII.
—   L'Economiste français. Années 1889, 1890-91.
—   La France économique et financière, nᵒ du 12 janvier 1909.
—   La Réforme sociale. Années 1890-92.

— Revue des Deux-Mondes. Années 1895 et 1909
et passim.

— Revue d'Economie politique. Années 1890, 1899,
et passim.

BROCHURES. — Examen critique du rapport des experts
nommés par la Cour d'appel de Lyon
le 1er mars 1882 pour ce qui concerne
l'évaluation des dommages directs oc-
casionnés à la Société de Monthieux,
par la Société des houillères de Saint-
Etienne. Lyon, Storck, 1888.

— Documents en réponse aux attaques dirigées contre la Société des Mineurs
du Gier. Saint-Etienne, Balay, 1892.

JOURNAUX. — Journal Officiel. Années 1884 et 1891.

— Gazette des Tribunaux, 1902.

— Journal des faillites, 1909.

— L'Association ouvrière. N° du 1er mai 1902.

— Le Réveil des mineurs. N° du 31 oct. 1891.

— Le Mémorial de la Loire. Années 1890-1910.

— La Loire Républicaine. Années 1890-1910.

— La Tribune. Année 1910.

B. — SOURCES PARTICULIÈRES

Indépendamment des documents puisés dans les ou-
vrages, brochures et revues précitées, nous avons fait des
recherches nombreuses, soit aux Archives départementales, soit dans des études d'avoués, soit dans les livres
commerciaux de la Société de la Mine aux Mineurs.

Nous avons fait ainsi une enquête personnelle à laquelle nous ont aidé MM. Roche, ancien ingénieur, Jourd,
ancien président du Conseil d'administration, Jourjon,
ancien comptable de la Société de la Mine aux Mineurs.

Nous tenons à leur adresser ici nos remerciements
sincères pour leur précieuse collaboration.

AVANT-PROPOS

En 1891, une Compagnie capitaliste du bassin houiller de la Loire, la Compagnie de Monthieux, cessait son exploitation, et laissait sans travail plusieurs centaines d'ouvriers mineurs. Le Syndicat des mineurs de la Loire fit des démarches en vue d'obtenir les moyens d'acquérir l'amodiation mise en vente par la Société en liquidation. Une société coopérative ouvrière fut constituée, et une exploitation minière commença sur de nouvelles bases, qui se poursuivit jusqu'en 1909.

Il nous a paru intéressant d'étudier cette entreprise peu connue, qui, dans cette région de la Loire, considérée à bon droit comme un terrain d'action socialiste, eut un certain retentissement.

Nous avons donc entrepris cette étude qui n'a pas la prétention de démontrer une thèse, mais qui est bien plutôt une sorte de monographie.

Le but que nous poursuivons est bien simple : nous ne voulons pas tirer d'une expérience particulière, d'un

fait isolé, des principes dogmatiques; nous avons simplement l'intention d'étudier, dans un intérêt historique, une exploitation qui a constitué, en définitive,
une expérience intéressante.

Tout au plus nous permettrons-nous d'indiquer suc-
cinctement les causes qui nous paraissent expliquer
l'insuccès de la Mine aux Mineurs de Monthieux, et
nous hasarderons-nous à émettre à ce sujet quelques
idées personnelles.

Qu'on ne voie donc pas là une œuvre de combat,
mais simplement la réalisation d'un désir : suivre avec
autant d'impartialité que possible les étapes parcou-
rues par l'entreprise de Monthieux et contribuer pour
une modeste part à faire connaître un coin de vie de
notre région stéphanoise.

PREMIÈRE PARTIE

Ce qui a pu donner l'idée de constituer une Mine aux Mineurs

CHAPITRE PREMIER

LES TRAVAILLEURS DES MINES ET L'ÉTAT DES ESPRITS EN 1891.

Il serait trop long, et il n'entre pas dans le cadre de cette étude de faire un historique complet de la question ouvrière à l'époque où se place la constitution de la Mine aux Mineurs de Monthieux. Aussi bien n'avons-nous pas l'intention de traiter un aussi vaste sujet.

Mais il est bon d'indiquer, par un rapide exposé de l'état des esprits des ouvriers des mines, que la Mine aux Mineurs fut le fruit naturel de leurs revendications pressantes, et que le terrain était préparé par les luttes antérieures, à cette expérimentation économique.

**

Organisation syndicale. — Les premiers, en France, les mineurs surent organiser la défense de leurs intérêts. Tandis que les ouvriers de toutes autres corporations demeuraient sans programme nettement défini, ils se groupèrent entre eux et formulèrent des réclamations précises et énergiques qui s'imposèrent aux pouvoirs publics.

Les premiers, en effet, ils surent mettre à profit l'organisation syndicale, même sous le régime de simple tolérance qui précéda la loi de 1884. Nous voyons l'explication de ce fait dans les trois considérations que voici :

1° Gagnant des salaires relativement élevés, les mineurs sentirent vite la nécessité de se grouper; on ne sent pas, en effet, le besoin de se défendre quand on n'a rien à sauvegarder.

2° A raison même de leur genre de travail qui exige une collaboration de tous les instants, il y avait entre eux une cohésion plus grande que dans n'importe quelle autre corporation.

3° Exposés continuellement aux mêmes dangers, le sentiment de la solidarité s'était développé plus rapidement en eux que chez les autres ouvriers.

Quoi qu'il en soit, et quelles que puissent être les causes de cette organisation, il suffit de la constater et de remarquer qu'à cette époque, bien avant le développement du mouvement syndical, les travailleurs des mines avaient su se grouper et avaient même déjà obtenu, des pouvoirs publics, des mesures importantes en vue de l'amélioration de leur sort.

Création de la Fédération nationale des mineurs. — Le mouvement était parti de la Loire. C'est, en effet, à l'initiative de la Chambre syndicale des mineurs de la Loire qu'est due la création de la Fédération nationale des mineurs de France. Elle fut constituée au Congrès de Saint-Etienne, tenu du 24 au 31 octobre 1883 (1).

Les mineurs trouvèrent là un organe puissant pour imposer leurs réclamations à l'attention publique.

Ainsi organisés, ils firent entendre leurs doléances et présentèrent leurs revendications avec une nouvelle puissance. La Fédération les centralisa, et s'efforça d'agir sur l'opinion, sur la presse et sur le législateur pour les faire admettre.

Revendications des mineurs en 1883. — On peut résumer ainsi les revendications présentées à cette époque par les mineurs :

a) Réorganisation et centralisation des caisses de secours et de retraite;

b) Nomination de délégués ouvriers à la sécurité des mineurs;

c) Création de conseils de prud'hommes mineurs;

---

(1) *Office du Travail.* Associations professionnelles ouvrières, 1899, tome I, p. 398.

d) Journée de huit heures (1).

C'était, du reste, le programme de la Chambre syndicale de la Loire.

La loi de 1890 sur les « Délégués à la sécurité des ouvriers mineurs » marque un premier succès et démontre bien l'efficacité de la propagande dirigée par la Fédération.

Elle se poursuivit avec ardeur, et, en 1891, le mouvement atteignit un degré d'extension tout particulier. On en trouve la trace dans le Congrès fort important tenu à Commentry, du 5 au 8 mars 1891. Les revendications des travailleurs des mines y furent à nouveau examinées, et les principales résolutions adoptées furent les suivantes :

Fixation, par un loi, de la journée de travail à huit heures, aussi bien pour les travailleurs du fond de la mine que pour les ouvriers de la surface.

Suppression du travail à la tâche dans les mines.

Interdiction aux Compagnies de faire travailler plus de six jours sur sept.

Augmentation générale des salaires de 30 %.

Moyens d'action préconisés en 1891. — En même temps, on envisageait les moyens d'action à mettre en œuvre. La propagande pacifique et l'action parlementaire ne paraissaient plus suffisantes, et, sous l'influence des idées socialistes qui trouvèrent dans ce mi-

_____

(1) *Office du Travail.* Associations professionnelles ouvrières précité, p. 399.

lieu de fervents adeptes, on prônait les moyens violents, et notamment la grève générale. C'est ainsi qu'au Congrès de Commentry, on résolut de donner une solennité de plus en plus grande à la manifestation du premier mai, et on adopta le principe de la grève générale qui « sera la déchéance du vieux monde bourgeois et la clef de la rénovation sociale » (1).

Comme on le voit, en 1891, les critiques contre les Compagnies minières et contre les employeurs en général se faisaient plus acerbes, et une agitation de jour en jour grandissante se manifestait parmi les ouvriers des mines. Le mouvement, strictement professionnel à l'origine, lors de la création de la Fédération nationale, semblait avoir dévié, et avait tendance à devenir plutôt révolutionnaire.

La question de la propriété des mines. — En même temps était agitée la question de la propriété des mines.

Certes, depuis longtemps déjà, et bien avant l'époque qui nous occupe, la propriété des mines avait fait, de la part des théoriciens du socialisme, l'objet d'attaques réitérées. Cette propriété, d'une nature spéciale, semblait, en effet, prêter le flanc à leurs critiques et démontrer l'injustice d'un état social qui consacrait un droit qu'ils prétendaient purement artificiel. La loi de 1810, sorte de transaction entre le système de l'accession et le système de la domanialité, stipule, en

(1) *Office du Travail.* Associations professionnelles ouvrières, 1899, tome I, p. 402.

effet, que, sous réserve de certains droits reconnus aux propriétaires de la surface, l'Etat seul a le droit de disposer des richesses minières, et de les concéder à tel ou tel exploitant, en vertu d'un décret qui est un véritable acte de puissance publique.

« Pourquoi, disaient les socialistes, frustrer ainsi la collectivité de richesses qui, étant *res nullius*, lui appartiennent en définitive, et mettre à la disposition de quelques capitalistes des instruments de production d'une puissance incomparable, au détriment des travailleurs qui se verront ainsi exploités par les détenteurs de ces richesses dont ils ont été préalablement dépouillés ? »

Ces attaques se précisaient de jour en jour.

C'est ainsi que, *le 15 mars 1884, MM. Brousse et Giard* déposaient, à la Chambre, une proposition de loi relative au régime des mines et appuyée sur des considérations nettement socialistes (1). On lit, en effet, ce qui suit dans l'exposé des motifs : « La loi de 1810 « est une loi faite au préjudice de la nation proprié- « taire des richesses minérales renfermées dans les en- « trailles de la terre, et au profit de quelques privi- « légiés qui amassent des fortunes considérables dont « la nation devrait jouir. Ces privilégiés cèdent leurs « droits à des capitalistes avec lesquels l'Etat n'a ja- « mais traité : de telle sorte qu'il se forme deux caté-

(1) *J. Officiel*, 1884. Doc. parlem. Chambre. Annexe n° 2.705, p. 588.

« gories de citoyens dont l'une est toute puissante et
« maîtresse souveraine, tandis que l'autre, celle des
« travailleurs, st soumise et souvent opprimée.

« La République, si elle ne veut pas être une éti-
« quette trompeuse doit remettre les choses en place.
« Elle rendra à la collectivité ce qui a été ravi à la
« collectivité; elle fera bénéficier le pays des produits
« immenses de l'exploitation minière; elle prendra
« cette mesure dans l'intérêt public, et afin d'assurer
« la concorde et le bien-être dans l'avenir. »

Et la proposition proclamait dans son article 2 que :
« les richesses minières sont la propriété de la nation
« et que l'exploitation en serait concédée par la voie
« de l'adjudication, par parcelles et pour un temps
« déterminé. » L'article 4 prévoyait en outre, l'expropriation des concessionnaires existants après paiement
d'une indemnité.

Le même jour (15 mars 1884) (1), pour ne pas être
en reste vis-à-vis de ses électeurs, le député socialiste
de Saint-Etienne, M. Girodet, déposait lui aussi une
proposition de loi en trois articles ainsi conçus :

ART. 1er. — La propriété des mines fait retour à
l'Etat.

ART. 2. — Il sera procédé à l'expropriation suivant
les formes légales, moyennant les indemnités qui seront
fixées par le jury.

_____

(1) *J. Officiel*, 1884. Doc. parlem. Chambre. Annexe
n° 2.706, p. 617.

2

Art. A. — Un projet de loi spécial déterminera le mode d'exploitation des mines (1).

Ces deux propositions, qui furent renvoyées à la Commission des Mines ne furent jamais discutées en séance publique; mais si elles furent sans influence pratique sur la législation, elles eurent une certaine répercussion sur le mouvement des idées dans le monde ouvrier.

La question de la propriété des mines fut mise à l'ordre du jour des congrès ouvriers; — les groupements de mineurs l'introduisirent peu à peu dans leurs

---

(1) Cette proposition de M. Girodet était appuyée sur les motifs suivants dont on appréciera la forme savoureuse :

« Si l'on veut chercher à apprécier les causes qui amènent, dans l'exploitation des mines, des complications qui s'imposent actuellement à l'attention publique, et deviendraient plus graves encore au cas où les concessionnaires continuant leurs agissements ploutocratiques, ne cesseraient d'asservir matériellement et moralement ceux dont la nécessité sociale a fait leurs subordonnés, on trouve fatalement dans les conditions même des concessions de mines la source essentielle des abus qui en résultent et dont les Compagnies nous fournissent aujourd'hui la triste constatation. On a disposé de ce qui appartient à la nation ; les gouvernements monarchiques ont concédé, la République concède encore journellement, sous des conditions le plus souvent dérisoires, et sans réserves en faveur des ouvriers, cette partie importante de la richesse publique. C'est là qu'est le mal, c'est là qu'il faut porter le remède.

« Il faut revenir sans retard aux principes, à la justice, aux droits de la propriété nationale. »

J. Officiel, loc. cit. Exposé des motifs.

revendications, et la théorie socialiste de la mine à
l'Etat qui la rendrait aux travailleurs, de jour en jour
vulgarisée, pénétra progressivement dans la masse ouvrière.

En 1891, il ne s'agit plus seulement pour les mineurs
d'améliorer les conditions de travail dans un régime
économique déterminé: c'est au régime lui-même qu'ils
s'attaquent, et c'est lui qu'ils veulent renverser, bien
convaincus que là est la source du mal, et qu'il n'y
aura pas d'émancipation pour eux tant qu'ils demeu-
reront des instruments de production entre les mains
des entrepreneurs capitalistes.

Restituer l'outil à l'ouvrier, la mine au mineur, tel
est désormais leur objectif.

Nous trouvons les traces de cet état d'esprit dans
les délibérations de certains congrès de mineurs tenus
à cette époque.

C'est ainsi qu'au *Congrès de Lyon*, tenu en 1886 (1),
M. Michel Rondet, secrétaire de la Fédération nationale,
émettait l'avis « qu'à l'avenir, il ne soit plus donné
« par le gouvernement, de concessions aux compagnies
« anonymes, les concessions ne devant être accordées
« qu'aux communes et aux associations ouvrières. »

Au *Congrès de Commentry* (2), (8 mars 1891), la
question de la propriété des mines fut de nouveau posée.
Le Congrès demanda que les concessions fussent reti-

---

(1) *Office du Travail*. Associations prof. ouvr., précité,
p. 399.

(2) Idem, p. 401.

rées aux Compagnies et exploitées par l'Etat, les bénéfices devant être employés à la création d'une caisse
générale de retraites pour la vieillesse, « acheminement
« vers la socialisation de toutes les forces productives. »

Au cours de ce même congrès, on donna lecture
d'une lettre de M. Jules Guesde, qui, au nom du Parti
ouvrier français, engageait les mineurs à se prononcer
pour la restitution des mines à l'ensemble des mineurs
produisant pour la nation et sous son contrôle. Cette
lettre fut accueillie par des ovations, et dans sa réponse
le congrès déclara que les idées du Parti ouvrier étaient
les siennes.

Pour achever de dépeindre le mouvement des esprits
au sujet de la propriété des mines, signalons une résolution votée par la Chambre des députés, le 10 juin 1891,
en clôture d'une interpellation de M. Francis Laur,
député de la Loire (1).

M. Laur, se plaçant sur le terrain de la propriété
des mines, proposa d'attribuer aux syndicats ouvriers
les concessions inexploitées et fit voter la résolution
suivante : « La Chambre invite le Gouvernement à con-
« céder, à des syndicats d'ouvriers mineurs, les mines
« non exploitées ou abandonnées. » On écarta la
seconde partie de la résolution qui proposait de disposer
dans les mêmes conditions « des concessions à concéder
« dans l'avenir ».

---

(1) *Journal Officiel.* Débats parlementaires, Chambre,
10 juin 1891.

CHAPITRE II

___

SITUATION PARTICULIÈRE ET ÉTAT DES ESPRITS
DES MINEURS A CETTE ÉPOQUE
DANS LE BASSIN HOUILLER DE LA LOIRE

Ainsi donc, le mouvement général des idées, parmi
les travailleurs des mines, poussait aux réformes et le
but poursuivi était de faire triompher par la transformation d'un régime économique jugé défectueux, les
revendications dont ils attendaient leur émancipation.

Mais, en 1891, cette disposition d'esprit était peut-
être plus accusée que nulle part ailleurs, dans le bassin
de la Loire; et l'on comprend qu'il se soit trouvé des
novateurs pour tenter l'expérience sociale de la Mine
aux Mineurs de Monthieux.

La répétition désastreuse de *catastrophes minières*
avait, à tort ou à raison, suscité des récriminations
contre un état de chose qui donnait à de prétendus
incapables la direction de travaux aussi dangereux.

D'autre part, l'antagonisme du travail et du capital était arrivé à une crise aiguë : *des grèves* avaient éclaté, nombreuses, soit sur des questions de salaires, soit sur des questions de discipline intérieure, ou de réformes à apporter dans les organismes de la prévoyance, soit encore sur la règlementation de la journée de travail. Un perpétuel foyer d'agitation s'était ainsi créé, donnant occasion à des discours et conférences, dans lesquelles les théories les plus avancées étaient exposées aux masses populaires.

§ I. — CATASTROPHES MINIÈRES

Pendant les vingt années qui précédèrent la constitution de la Mine aux Mineurs, une série de catastrophes se produisirent dans le bassin houiller de la Loire.

Presque toutes furent dûes à des explosions de grisou. Ce gaz si redoutable est en effet fort répandu dans les couches du bassin. L'introduction, en 1817, de la lampe Davy dans les exploitations, avait bien enrayé le danger; des règlements interdisant aux mineurs de descendre à la mine, munis d'allumettes ou de briquets, avaient également supprimé une cause fréquente d'explosions. Néanmoins, et malgré ces précautions, le péril subsistait; et, soit imprudence de la part des ouvriers, soit insuffisance de l'aérage des galeries, des accidents continuèrent à se produire, terribles, faisant d'innombrables victimes, et provoquant dans la population ouvrière de la Loire, une légitime émotion.

Nous nous bornons à mentionner les principales catastrophes qui sont survenues de 1871 à 1891 (1).

1° Accident du puits Jabin survenu le 8 novembre 1871. Explosion de grisou, 70 victimes.

2° Seconde catastrophe du puits Jabin, 4 février 1876. Explosion de grisou, 200 victimes.

3° Catastrophe du puits Châtelus, de la concession de Baubrun, 1er mars 1887. Explosion de grisou, 74 victimes.

4° Catastrophe du puits Verpilleux, 3 juillet 1889. Explosion de grisou, 209 victimes. Cet accident souleva dans tout le pays une émotion considérable. Le directeur de la Compagnie et les ingénieurs du puits furent l'objet de poursuites correctionnelles pour homicide par imprudence. M. Laur, député de la Loire, interpella à ce sujet, à la Chambre, M. Yves Guyot, ministre des travaux publics, et c'est en clôture de cette interpellation que fut votée la résolution dont il a été parlé plus haut, concernant les concessions de mines à accorder aux syndicats d'ouvriers.

5° Catastrophe du puits Pélissier, de la Compagnie de Villebœuf, 29 juillet 1890. Explosion de grisou, 75 victimes.

6° Nouvelle explosion de grisou au puits Pélissier, le 4 août 1890, 2 morts, 15 blessés.

Comme on le voit, pendant cette période de vingt

---

(1) S. Bossakiewicz. — Histoire générale de Saint-Etienne, 1 vol. La Fère, Société anonyme d'Imprimerie, 1905.

années, les catastrophes s'étaient succédé sans inter-
ruption. Et l'on comprend que soit venue de la Chambre
syndicale des mineurs de la Loire, l'initiative de la
campagne qui aboutit à la loi de 1890 sur les délégués
mineurs.

La situation lamentable des familles des victimes,
provoquait pareillement un mouvement d'opinion pour
faire hâter la discussion de la loi du risque professionnel; on en trouve la trace dans un vœu présenté dans
ce sens, le 7 avril 1891, par M. Taravellier, conseiller
général, et qui fut adopté à l'unanimité par l'assemblée du département (1).

En même temps, des récriminations violentes s'élevaient contre les ingénieurs du contrôle, et contre les
Compagnies, qui, disait-on, « ne visaient qu'aux béné-
« fices à retirer par tous les moyens possibles de leurs
« exploitations, et ne se souciaient pas de veiller à la
« sécurité des ouvriers qui les faisaient vivre » (2).
Des réunions étaient tenues, des discours étaient prononcés, où se faisait le procès du régime économique
des mines et des conditions du travail des ouvriers
mineurs. Si l'on ajoute à cela l'agitation créée et entre-
tenue par les nombreuses grèves qui éclatèrent pendant
cette période, on pourra se faire une idée de la situation
des esprits dans le bassin de la Loire, au moment de la
constitution de la Mine aux Mineurs.

---

(1) Extrait du procès-verbal des délibérations du Conseil général de la Loire. Séance du 7 avril 1891.
(2) *Le Stéphanois*, n° du 10 juillet 1890.

§ II. --- GRÈVES ET COALITIONS

On ne saurait songer à faire ici l'historique complet des différentes grèves et coalitions qui s'élevèrent dans le bassin de la Loire. Nous limiterons donc notre exposé à l'année 1890, qui a précédé la constitution de la Mine aux Mineurs.

Pour cette seule année, et pour la seule branche de l'industrie des mines, les statistiques publiées par le Ministère du commerce, accusent 15 grèves ou coalitions, réunissant un total de 9.590 ouvriers (1). Elles étaient motivées par des réclamations diverses, portant principalement sur des relèvements de salaires, et la réintégration d'ouvriers congédiés par les Compagnies pour insuffisance de production.

Il faut signaler plus spécialement deux coalitions importantes, qui entretinrent le trouble et l'agitation dans le bassin pendant de longs mois.

1° Grève du 9-20 juin 1890. — Elle réunit les ouvriers des concessions de Villebœuf, Beaubrun, le Cros, Monthieux, Grand'Croix, Villard et Terrenoire, soit au total 5.450 grévistes. Leur prétention était d'imposer aux Compagnies l'adoption d'un tarif de salaires élaboré par la Fédération des mineurs, le 11 avril 1890; ils réclamaient en outre la suppression des tâcherons dans la mine.

_____

(1) Archives départementales. M. n° 25⁶

Cette grève, commencée le 9 juin 1890, fut fertile
en incidents. Quoique terminée le 20 du même mois,
elle créa une agitation durable. Aucune des revendications présentées n'avait été accueillie; à la reprise du
travail, 180 ouvriers considérés comme les organisateurs et les meneurs de la grève se virent refuser successivement l'accès de tous les chantiers par les directeurs coalisés. L'administration préfectorale intervint
sans succès en leur faveur. La municipalité socialiste
de Saint-Etienne ouvrit pour eux des chantiers de ter-
rassement; mais la modicité de leurs salaires, et la
certitude qu'ils n'avaient de n'être employés que provisoirement, jusqu'à concurrence des crédits disponibles,
les amena à un état d'exaspération facile à concevoir.
Un noyau de mécontents était ainsi constitué qui entretint parmi les mineurs une agitation continuelle.

Lorsqu'en juillet 1890, survint la catastrophe du
puits Pélissier, ils s'improvisèrent orateurs pour exciter
contre les exploitants une population déjà prévenue.

A leur instigation, la Fédération des syndicats
mineurs de la Loire demanda, le 12 août, à l'Administration préfectorale la création d'une commission mixte
de visite des mines du département (1), en même temps
qu'elle signalait avec une évidente acrimonie certains
dangers possibles dans les exploitations.

Le refus des Compagnies de se prêter à cette
réforme exaspéra encore davantage les esprits, et c'est

_____

(1) Archives départementales. M. Grèves, n° 256

dans cette asmosphère surchargée qu'éclata, un mois après, la grève de Roche-la-Molière et Firminy.

2° Grèves des mineurs de Firminy. — L'idée primitive des organisateurs était de susciter une grève générale du bassin houiller. A cet effet, une réunion de la Fédération des syndicats de la Loire avait été tenue à la Bourse du travail, le 28 septembre 1890. Les délégués n'avaient pu se mettre d'accord, et avaient ajourné la grève générale après la tenue du Congrès national des mineurs qui devait se réunir à Paris en avril 1891.

Le syndicat de Firminy résolut donc d'agir seul, et présenta à la Compagnie tout un programme de revendications dont nous extrayons les articles suivants : (1)

ARTICLE PREMIER. — Le salaire, sans distinction de travail, sera augmenté de 1 franc par jour. Tous les ouvriers, du plus petit jusqu'au plus grand, bénéficieront de ce supplément de salaire.

ART. 2. — Tous les ouvriers mineurs, de l'intérieur ou de l'extérieur, en ménage ou en chambre, et les retraités, auront leur chauffage gratuitement.

ART. 3. — En attendant qu'une loi fixe les heures de la journée, l'ouvrier mineur s'engage à commencer son travail à 6 heures précises du matin, travail qui durera jusqu'à 3 heures du soir, moins une heure de repos pour le repas. Il y aura exception pour les chantiers non propices à un travail régulier ou insalubres.

---

(1) Archives départementales. M. Grèves, n° 257

Art. 5. — La caisse de secours qui est actuellement de 1 franc, sera de 1 fr. 50 par jour, et de 0,50 par jour au lieu de 0,25 pour les enfants de moins de 12 ans.

Art. 6. — La retraite sera de 2 francs par jour après 25 ans de travail, sans condition d'âge. Elle sera proportionnelle après 15 ans de travail, sans condition d'âge également.

Sur le refus du directeur d'examiner ces revendications, la grève fut déclarée. Elle compta 2.000 ouvriers. Elle fut accompagnée de discours et de violences de toute sorte, et l'on dut faire usage de la force armée pour maintenir le calme. Toutes les tentatives de conciliation échouèrent, jusqu'au 15 novembre 1890, date à laquelle les mineurs, excédés et à bout de ressources reprirent le travail devant la déclaration platonique de la Compagnie, d'examiner avec attention les tarifs de salaires « *sitôt la grève finie* » (1).

Ainsi se terminait cette coalition. La reprise du travail ne ramena du reste pas le calme dans la population minière. Les attaques de principe contre la propriété des mines et contre le régime économique, se poursuivirent longtemps encore.

Les passages suivants, d'une lettre adressée par M. Galtié, alors préfet de la Loire, au ministre de l'intérieur, dépeignent fort exactement l'état des esprits à cette époque dans tout le bassin houiller (2).

---

(1) Lettre du directeur au Préfet. Archives départementales. M. Grèves, 2⁵⁶

(2) Archives départementales. M. Grèves, 2⁵⁶

« Je crois devoir appeler votre attention sur l'état
« actuel des esprits des ouvriers mineurs dans le bassin
« houiller de la Loire, et vous signaler divers incidents
« caractéristiques de cet état qui se sont produits ces
« temps derniers...

« Le 10 septembre, au cimetière, lors des obsèques
« de Furet, victime de l'explosion du puits Chapelon,
« les citoyens Ottin et Cotte, secrétaires des chambres
« syndicales de Saint-Etienne et Côte-Chaude, attaquè-
« rent violemment les Compagnies et le Gouvernement.
« Malgré mes réserves expresses formulées publique-
« ment, sur le rôle de l'Etat en matière de salaires, les
« 2.000 mineurs, auditeurs complaisants des sieurs
« Cotte et Ottin, paraissent croire que le *Gouvernement*
« *peut et doit, fût-ce par le retrait des concessions,*
« donner satisfaction à toutes leurs exigences.

« En fait, tous ces ouvriers se complaisent, soit sin-
« cèrement, soit par calcul, à proclamer la responsa-
« bilité de l'Etat dans la lutte qu'ils soutiennent pour
« l'amélioration de leur sort...

« En résumé, la situation est très tendue et on dis-
« cute couramment l'éventualité d'une grève générale
« de tous les ouvriers mineurs ».

CHAPITRE III

ESSAIS ANTÉRIEURS DE MINE AUX MINEURS

Mais dans le bassin de la Loire, il y avait mieux qu'une agitation passagère pour disposer les esprits aux expérimentations sociales. Aux portes mêmes de Saint-Etienne, à des époques différentes, deux essais de mine aux mineurs avaient été faits qui constituaient des tentatives intéressantes. Si l'une de ces exploitations coopératives, celles du Ban, avait depuis longtemps vécu, l'autre, celle du Gier, était en pleine activité, au moment où allait se présenter aux mineurs stéphanois l'occasion de constituer la Mine collective, si chère à leurs désirs.

§ I. — MINE AUX MINEURS DU BAN (1)

Ses origines sont des plus modestes. Elle fut fondée en 1866.

---

(1) Nous empruntons ces détails historiques à M. Lescure, « Historique des Mines de houille du Département de la Loire », 1 vol., Saint-Etienne, Théolier, 1901.

A cette époque, MM. Meunier et Vue, ne retiraient plus aucun bénéfice du gîte houillier qu'ils exploitaient dans le canton de Rive-de-Gier (Loire). Prévoyant des pertes, ils préférèrent cesser toute extraction, et mirent en vente leurs droits de concession. Aucun acquéreur ne se présenta, et les concessionnaires désespéraient d'en trouver, lorsque quelques-uns des ouvriers mêmes qu'ils occupaient vinrent leur proposer un marché.

Lors de la cessation des travaux, tout le personnel avait été licencié et s'était vu obligé de chercher du travail ailleurs. « Cependant, écrit M. Leseure, sept « d'entre eux restèrent convaincus qu'en se mettant « eux-mêmes à la besogne, et en procédant avec éco- « nomie, ils trouveraient manière d'utiliser à leur « avantage les modestes ressources devant encore « exister dans l'ancienne exploitation et aux alen- « tours. »

« Un mineur revenant des mines d'or d'Australie « et deux anciens forgerons des usines Petin Gaudet de « Lorette (aujourd'hui « Aciéries de la Marine »), se « joignirent à eux. Mettant en commun leurs économies « et leur crédit, ils se présentèrent à Meunier qui, las « d'attendre, s'empressa de leur céder pour la somme « de 7.000 francs, la mine où un seul puits, peu pro- « fond, restait encore ouvert et à peu près outillé pour « l'extraction avec sa machine à vapeur.

---

(1) Leseure. Historique des Mines de houille.

« Les dix acquéreurs constituèrent aussitôt une
« société civile, dite Société des Mineurs, mirent en
« état le puits et la machine, rentrèrent dans la mine,
« rouvrirent quelques galeries à travers les anciens
« travaux, et entreprirent des percements au rocher
« pour rejoindre les portions de massif encore in-
« tactes. »

L'exploitation fut conduite avec une technique des
plus rudimentaires. Ici, pas d'ingénieur attitré pour
dresser des plans et diriger les travaux; mais chacun
s'attribue un rôle suivant ses aptitudes : l'un faisant
fonction de surveillant à l'extérieur, l'autre de gouverneur; celui-ci, chargé plus spécialement de la direction du chantier, celui-là chargé du service des ventes.
Aucune hiérarchie entre eux : ce sont en réalité de
petits patrons groupés pour une exploitation, gardant
chacun leur indépendance, et s'imposant ensemble les
rudes privations qui sont à l'origine de toute propriété.

Ils méritaient de réussir, et de fait le succès vint
couronner leurs efforts. Ils retrouvèrent des lambeaux
de couche importants, et ils connurent la prospérité.
L'harmonie la plus complète régna du reste toujours
entre les dix associés; leur entreprise fonctionna sans
bruit, sans tapage, c'est ce qui explique qu'elle n'eut
pas d'histoire et fut très peu connue.

Néanmoins, en septembre 1869, M. Charles Robert,
avisé de l'existence d'une coopérative ouvrière, venait
de Paris visiter la Mine aux Mineurs de Ban. Il relata
sa visite dans une conférence faite le 27 décembre 1869
à la Sorbonne; il y constatait que « dans l'année

« précédente, après paiement à chaque associé de
« sa journée de travail, fixée à cinq francs, et
« tous frais déduits, il était resté un bénéfice de
« 3.960 francs » (1).

La Mine aux Mineurs de Ban prospéra encore quelques temps, puis vécut tant bien que mal lorsque le
charbon se fit plus rare. A partir de 1885 on peut dire
qu'elle végéta; enfin, en 1887, huit des associés vendi-
rent leurs droits au prix total de six mille francs à la
Compagnie des mines de la Haute-Cappe qui occupait
la région limitrophe de la concession du Ban; les deux
autres associés fusionnèrent pour leur part avec ladite
Compagnie.

Telle fut l'existence de la première des Mines aux
mineurs du Bassin. Comme on peut s'en rendre compte,
ici, pas de théorie sociale à expérimenter; pas d'exploitation technique; pas de « grande industrie ». Mais
un petit groupe d'ouvriers ardents et laborieux qui sont
séduits par une « occasion » et qui achètent une concession comme ils auraient acheté un champ ou toute
autre chose dans une vente aux enchères ! et qui l'ex-
ploitent comme il peuvent à l'aide de leurs faibles ressources et par les procédés empiriques que leur a sug-
gérés leur expérience de vieux mineur.

Nous sommes encore loin de la Mine aux Mineurs
socialiste de Monthieux.

---

(1) Leseure, op. précité.

3

§ II. — Mine aux Mineurs de Gier (1)

Nous nous en rapprochons avec la Mine aux Mineurs du Gier. Quoique des différences fondamentales l'en séparent encore (2), nous nous trouvons cependant ici en face d'une exploitation plus importante, d'une organisation plus perfectionnée, moins rudimentaire que celle de l'association ouvrière du Ban.

Cette tentative eut dans la région un certain retentissement; et, en 1891, au moment où la question de la Mine aux Mineurs surgissait à Monthieux, l'entreprise du Gier, offrait aux novateurs de la chambre syndicale l'exemple d'une mine ouvrière fonctionnant régulièrement, et avec un succès relatif.

La Société de la Mine aux Mineurs du Gier date de 1886.

La Société anonyme des Houillères de Rive-de-Gier, autrefois prospère et florissante, était tombée dans une situation des plus précaires. Cette situation était due aux difficultés croissantes de l'exploitation, et à la crise industrielle qui sévit à cette époque

(1) Nous empruntons ces détails historiques à M. de Billy, ingénieur des mines. V. Annales des Mines, 1897, tome XI, 9e série.

V. aussi : *Documents en réponse aux attaques dirigées contre la Société des mineurs du Gier*, Saint-Etienne, Imprimerie Balay, 1892.

(2) Voir infrà, Ve partie. Parallèle entre la Mine du Gier et celle de Monthieux.

sur les charbons. Depuis 1883, non seulement la société n'avait distribué à ses actionnaires aucun dividende, mais encore elle avait épuisé ses réserves, et elle se trouvait, faute d'argent, dans l'impossibilité absolue d'extraire du combustible et même d'exécuter les travaux indispensables d'entretien.

A bout de ressources, elle arrêta le travail sur divers points de sa concession; en même temps elle cessa l'épuisement des eaux : quatre pompes affectées à cet usage furent démontées et vendues. Les eaux envahirent peu à peu les travaux, sapant les piliers, attaquant les boisages, et créant ainsi une situation des plus dangereuses.

Les mineurs du pays, les sédentaires descendants des extracteurs des anciens temps, émus de voir leur gagne-pain leur échapper et des richesses houillères disparaître à jamais sous la montée des eaux, firent publier le 27 avril 1886, par le *Lyon Républicain*, une pétition aux pouvoirs publics, protestant contre les agissements de la Compagnie des Houillères.

La réponse ne se fit pas attendre, et peu de temps après, intervint l'Administration. Conformément aux articles 49 et 50 de la loi du 21 avril 1810, 1 à 6 de la loi du 27 avril 1838, le préfet de la Loire mit la Compagnie en demeure de « reprendre et poursuivre les « travaux dont la suspension occasionnait des dégâts « de plus en plus menaçants pour la richesse natio- « nale », d'exhaurer et de boiser les puits et galeries abandonnées, et ce, sous peine de déchéance. (Arrêté préfectoral du 10 août 1886).

Ainsi acculée, d'un côté aux déficits, de l'autre à
la déchéance par la mise en demeure de l'Administration, il fallait bien que la Compagnie prit un parti.
M. Ravaud, le directeur, déclarait que l'unique moyen
d'éviter la ruine complète était de se défaire des concessions pauvres dans lesquelles les travaux d'épuisement, si onéreux, n'étaient compensés par le produit
d'aucune extraction, et de limiter l'exploitation aux
gisements les plus riches.

Mais à qui céder les concessions sacrifiées ?...

C'est alors que la chambre syndicale des mineurs de
Rive-de-Gier résolut de se faire rétrocéder les concessions inexploitées. Elle s'assura l'appui de M. Francis
Laur, ingénieur, député de la Loire, qui, en son nom,
entra en pourparlers avec la Compagnie des Houillères.

Les pourparlers aboutirent, et le 2 septembre 1886
M. Ravaud, directeur, écrivait à M. Laur la lettre suivante : « Le Conseil d'administration me charge de
« vous dire qu'il consent, dès aujourd'hui, sauf l'auto-
« risation du Gouvernement, à vous abandonner la pro-
« priété des douze concessions dont les noms sui-
« vent... (1) »

Le 12 octobre suivant, l'assemblée générale des
actionnaires à l'unanimité sauf trois voix, ratifiait la

(1) Surface concédée : Le Reclus (296 hectares) ; Colle-
non (91 h.) ; La Montagne de Feu (79 h.) ; Les Combes et
Egarande (31 h.) ; Crozagaque (76 h.) ; Gravenand (91 h.) ;
Verrerie et Chantegraine (32 h.) ; Couzon (50 h.) ; Gourd-
Marin (32 h.) ; Verchères-Fleurdelix (13 h.) ; Verchères-
Feloin (10 h.). Soit au total, 801 hectares de mines concédés.

décision de son Conseil d'administration : « Nous avons
« pensé, disait le rapport, que ces mines improducti-
« ves entre nos mains, seraient peut-être exploitables
« par les ouvriers ».

La cession proposée était faite sous la simple condition que les concessionnaires « supporteraient les
« charges des douze concessions ».

La Chambre syndicale accepta aussitôt l'offre de la
Compagnie.

Elle commença par régulariser sa situation juridique, en accomplissant ce qu'elle n'avait pas fait jusqu'alors, les formalités prescrites par la loi du 21 mars
1884 sur les syndicats professionnels. Puis, le jour
même de la réception de la lettre du directeur, les
ouvriers pénétrèrent dans la concession du Reclus et
commencèrent les travaux d'extraction dits « d'affleu-
rement ». (13 septembre 1886).

En même temps qu'ils commençaient ces travaux
et organisaient l'outillage, les mineurs se préoccupaient
des mesures à prendre pour adapter leur syndicat à
sa nouvelle destination. La loi de 1884 interdisant, en
effet, aux syndicats de posséder des immeubles non
nécessaires à leur fonctionnement, la cession de la Compagnie des Houillères ne pouvait avoir d'effet que si
le syndicat de Rive-de-Gier se transformait en une
société constituée pour posséder, acquérir et exploiter
des concessions de mines.

Les ouvriers syndiqués crurent se mettre en règle
en élaborant un « *Pacte social* » qui fut signé par les
121 membres du syndicat le 24 février 1887.

Ce Pacte instituait, entre les signataires du contrat, une « Association dans le but d'exploiter les mines « cédées par la Société anonyme des Houillères de « Rive-de-Gier ».

Cette association, dont la dénomination était « Syndicat professionnel ouvrier des mineurs de Rive-de-Gier » et dont le siège n'était autre que celui de la Chambre syndicale des mineurs de Rive-de-Gier, devait durer jusqu'à l'épuisement des sites.

Son avoir se composait des concessions et de l'outillage existant : la propriété de ces concessions et de cet outillage était *collective* (art. 7). La jouissance et les fruits en appartenaient à tous les membres de l'association au prorata de leur travail : il n'y avait aucun titre ni action (art. 7). En cas de démission, toujours possible par simple déclaration écrite, la jouissance de la propriété collective demeurait aux membres restants (art. 8). L'association ne devait pas avoir de président : elle était dirigée par un comité exécutif surveillé par une commission de contrôle (art. 10). Le comité exécutif devait avoir un secrétaire (art. 12), qui fut le secrétaire de la Chambre syndicale de Rive-de-Gier.

Le comité exécutif représentait l'association vis-à-vis des tiers ; il était investi de tous pouvoirs pour l'administration des affaires sociales (art. 14). Il réglait les salaires fixes des associés (art. 19).

Enfin, chaque associé avait droit à une participation aux bénéfices, qui devaient se répartir de la sorte : 10 % aux associés au prorata de leur salaire fixe ; 40 %

peur la réserve des travaux neufs, installation, procès,
etc. ; 20 % pour les institution de prévoyance (art. 20).

On devait pratiquer la journée de dix heures, dans
lesquelles était compris le temps des repas, soit neuf
heures de travail effectif.

Cette association, qui ne rentrait dans aucune des
formes prévues par la loi sur les sociétés, ne répon-
dait évidemment pas aux exigences de la loi sur les
syndicats professionnels. Aussi bien, cette situation
irrégulière fut-elle exploitée dans la suite par la Compagnie des Houillères de Rive-de-Gier, lorsque, regret-
tant son acte de générosité, elle suscita à la Mine aux
Mineurs des procès et des difficultés de toute sorte et
tenta de reconquérir ses concessions.

En effet, lorsque, à force de peines et de sacrifices,
les mineurs du Gier eurent réussi à vaincre les premières difficultés, à remettre en état les chantiers en-
vahis par l'eau, et à découvrir un gisement, ignoré de
l'ancienne Compagnie, qui leur assurait l'existence et
laissait espérer une certaine prospérité, la Société des
Houillères s'avisa que la cession consentie par elle
était sans valeur, et elle émit la prétention de dépossé-
der les mineurs du Gier des périmètres qu'elle leur
avait abandonnés.

Elle les assigna donc aux fins de faire déclarer la
nullité de la cession, arguant que : 1° le Syndicat acquéreur n'avait pas capacité juridique suffisante pour
posséder aux termes de la loi du 21 mars 1884 ; 2° que
les prescriptions du décret du 23 octobre 1852 n'avaient
pas été observées, le Syndicat n'ayant pas obtenu l'au-

torisation gouvernementale, indispensable pour rendre définitif l'abandon effectué; 3° qu'au surplus, l'accord passé le 12 octobre 1886 était non pas une cession, mais bien une donation qui, n'ayant pas été passée par-devant notaire, conformément à l'art. 931 du Code civil, était sans conséquences juridiques.

Le Tribunal de Saint-Étienne trancha le différend par son jugement du 29 mars 1889. Répondant aux trois arguments de la Compagnie, il déclara que l'article 931 du Code civil n'était pas d'application, le contrat intervenu étant d'une nature toute spéciale et ne présentant pas les caractères juridiques d'une donation, puisqu'il s'agissait d'un abandon de biens improductifs, convention *sui generis* rentrant plutôt dans la formule « do ut facias ».

Il décida, en outre, que l'autorisation gouvernementale n'était pas nécessaire; enfin, que le « Syndicat » n'était pas en réalité un syndicat, mais une association de fait entre cent mineurs, parfaitement capables d'acquérir une propriété indivise. Le Tribunal enjoignait toutefois aux défendeurs de transformer leur association de fait en une société civile pour pouvoir entrer en possession légale, et il leur assignait, pour se mettre en règle, un délai de six mois.

La Société des Houillères interjeta appel de ce jugement, cependant que, de leur côté, les ouvriers mineurs régularisaient leur situation, suivant en cela les injonctions du Tribunal, et constituaient par acte notarié, le 13 octobre 1889, la *Société civile des mineurs du Gier*.

Le 26 mars 1891, la Cour d'appel de Lyon con-

firma, dans ses dispositions essentielles, le jugement
de Saint-Etienne, et proclama à nouveau la validité
de la cession.

La Société des mineurs du Gier sortait donc victo-
rieuse de ce débat, et son droit sur les périmètres était
définitivement établi. Un procès qu'elle fit elle-même
aux Houillères, en restitution des loyers d'amodiations
renouvelées en fraude de ses droits par la Compagnie,
devait, quelque temps après, se terminer à son avantage et lui fournir des ressources importantes, puisque
son adversaire fut condamnée à lui payer une somme
de 250.000 francs.

La Mine aux Mineurs du Gier fonctionnait donc
régulièrement en 1891 et offrait aux membres du Syndicat de la Loire un exemple qui paraissait digne d'être
suivi. On parlait avec enthousiasme de la « Mine heu-
reuse » où régnait la solidarité, la justice, et qui plus
est, la prospérité, et l'on était tout disposé à créer à
Saint-Etienne une entreprise analogue.

On ne prévoyait pas alors que la discorde pénètre-
rait au sein de la Société, et hâterait la mort de l'entreprise.

De fait, des difficultés surgirent entre les associés
qui durent traîner devant la Justice leurs interminables
querelles. Une scission se produisit, et l'on eut le spectacle curieux d'une concession occupée et exploitée à
la fois par deux sociétés, dont l'une, la première venue,
avait le droit pour elle, mais dont l'autre, ayant la
force de son côté, s'était purement et simplement em-
parée, sans titre, sans permission de quelque auto-

rité que ce fût, d'une part importante de la Mine commune.

Nous allons voir que la Mine aux Mineurs de Monthieux, en suivant l'exemple de la Mine du Gier, adopta
aussi le germe morbide que renfermait cette société
coopérative, et que, comme elle, commencée dans l'enthousiasme et la solidarité, elle sombra définitivement
dans l'anarchie et dans la discorde (1).

(1) D'après M. de Billy, durant tout le temps de son
existence (1886-1895), la Mine aux Mineurs du Gier a toujours exploité à perte ; les salaires des sociétaires n'ont
pas été intégralement payés, et ils n'ont jamais touché de
dividendes. L'éminent ingénieur attribue l'insuccès de l'entreprise « au peu de valeur des concessions, aux attaques
et procès que dut soutenir la Société ; enfin, a i manque
absolu de discipline et à l'absence de toute direction ca-
pable et énergique ». (Annales des Mines, précitée, p. 87).

DEUXIÈME PARTIE

La Création de l'Entreprise

CHAPITRE PREMIER [1]

HISTORIQUE

§ I. — LA SOCIÉTÉ DE MONTHIEUX
ET LA MISE EN LIQUIDATION

La concession de Monthieux date de 1825. Le 6 novembre de cette année, une ordonnance royale l'attri-

---

(1) *Sources.* Brossard : Etudes historiques des concessions des mines de houille du Département de la Loire, p. 363 et suiv. — Extraits de journaux locaux parus en 1891. — Acte de vente passé par la Compagnie de Monthieux à la Société Stéphanoise de la Mine aux Mineurs par-devant M⁰ Fessy-Moyse, le 28 février 1892. — Archives du Syndicat de Mineurs de la Loire. — Communications verbales faites par MM. Plotton et Jourd, mineurs à Saint-Etienne,

buait à M. Charles Dugas des Varennes. L'ordonnance
décrivait exactement la surface concédée qui avait pour
limites : *au sud* : à partir du niveau de l'Isérable, la
ligne droite tirée de l'angle le plus au nord des bâti-
ments de la Richelandière au point où le chemin de
Terrenoire à Côte-Thiollière débouche sur la grand'-
route de Lyon à Saint-Etienne, mais terminée au point
où la ligne droite remonte le ruisseau du Bessard.

A l'est, à partir de ce dernier point, le cours du
Bessard jusqu'à son intersection avec une ligne droite
tirée de l'angle sud-ouest de Grange-Neuve au centre
du carrefour situé à l'angle le plus au nord du hameau
de Bérard.

Au nord, à partir de cette intersection, la ligne
droite qui vient d'être décrite, mais terminée à la rencontre du ruisseau de l'Isérable.

A l'ouest, de ce dernier point, le cours de l'Isérable en remontant jusqu'à son intersection où la ligne
droite forme le limite ci-dessus décrite (1).

Le périmètre concédé comprenait au total une surface de soixante-quatorze hectares.

Le 1er juillet 1835, M. Dugas des Varennes passait
avec MM. Dyèvre, Durand et Berthon, exploitants de
mines, un traité d'amodiation, par lequel « il leur cé-
dait l'exploitation de Monthieux jusqu'à épuisement
de toute la couche de houille existant dans la conces-

(1) Acte de vente du 28 février 1892. Origines de propriété.

sion » moyennant diverses clauses et conditions et, notamment, le paiement d'une redevance annuelle qui serait fait non en nature, mais en argent.

Peu de temps après ce traité, M. Dugas des Varennes mourait, et le droit de concession échéait en héritage à M. Camille Bernou de Rochetaillée.

Le 17 mars 1838, MM. Dyèvre, Durand et Berthon, cédaient à leur tour l'amodiation à M. Boggio, qui constituait le même jour une Société civile ayant pour objet « l'exploitation de la Houillère de Monthieux ».

Le 30 mai 1870, la Société civile se transformait en Société anonyme; et c'est cette Société anonyme, dont le banquier parisien Stern était président, qui exploitait encore en 1891.

A cette date, la Société se trouvait dans une situation des plus embarrassées. Les couches accessibles du gîte houiller semblaient épuisées, et des capitaux considérables avaient été sacrifiés sans succès dans des travaux d'accès à de nouvelles couches, que la nature tourmentée du terrain rendait difficiles à atteindre.

Non seulement aucun dividende n'avait été distribué depuis 1877, mais encore le capital social était, en 1891, totalement englouti.

La direction de l'entreprise envisagea alors l'éventualité d'une dissolution et d'une liquidation de la Société, et le 1ᵉʳ juin 1891, une convocation était adressée aux actionnaires pour tenir une assemblée extraordinaire à l'effet de délibérer sur les mesures à prendre.

En même temps, on prévenait les cinq cents ouvriers employés à l'exploitation qu'on allait fermer les chantiers. Le Préfet de la Loire, dans un arrêté du 2 juin, donna avis des intentions des exploitants, et informa les intéressés qu'ils devraient lui transmettre les oppositions qui pourraient être formulées.

Une légitime émotion s'empara de la population houillère ainsi menacée de perdre son gagne-pain. Elle gagna le Parlement, et le 10 juin, une demande d'interpellation au ministre des travaux publics était déposée à la Chambre par MM. Dumay, Girodet, Souhet et Baudin (1). M. Dumay prit la parole pour développer l'interpellation, et s'exprima en ces termes :

« La Compagnie de Monthieux vient d'arrêter l'extraction de la houille dans ses puits en prévenant seulement huit jours à l'avance le personnel employé. Cinq cents familles, représentant environ 1,500 personnes, vont de ce chef être privées de leur gagne-pain.

« Il ne s'agit pas seulement de la misère créée par cet arrêt de travail, mais d'une perte pour la nation, car l'avis donné au Préfet pour la cessation des travaux porte que l'une des couches restera envahie par les eaux. »

Et l'interpellateur demanda au ministre quelle mesure il comptait prendre pour contraindre la Compagnie à reprendre les travaux, ou sinon, à abandonner complètement la mine.

Il rappela la résolution Laur votée le 24 janvier

(1) *Journal Officiel*. Débats parlementaires, Chambre, 10 juin 1891.

précédent, aux termes de laquelle la Chambre avait invité le Gouvernement à attribuer à des Syndicats d'ouvriers les concessions de mines non exploitées ou abandonnées. Et il demanda au ministre pourquoi l'exploitation de Monthieux n'avait pas encore été concédée au Syndicat des mineurs de la Loire.

M. Yves Guyot répondit qu'il n'avait été saisi d'aucune demande régulière émanée du Syndicat; que, d'ailleurs, la Compagnie de Monthieux n'avait pas été frappée de déchéance, aucun motif prévu par la loi n'ayant encore donné lieu à cette mesure; qu'au surplus, une assemblée extraordinaire des actionnaires était convoquée, et que rien ne démontrait qu'elle refuserait de risquer de nouveaux capitaux.

La mine n'était donc pas vacante, et il ne pouvait être question de la concéder à un Syndicat.

La Chambre approuva les déclarations du ministre, et vota l'ordre du jour pur et simple.

Cependant, le 17 juin, l'assemblée générale annoncée se réunit. Après lecture du rapport du Conseil d'administration, elle vota la dissolution anticipée de la Société, et sa liquidation. MM. Jacques, chef de contentieux à Paris, et Pauly, avoué à Saint-Etienne, furent nommés liquidateurs avec pleins pouvoirs pour procéder à la liquidation.

Le 5 juillet, paraissait l'annonce de la vente aux enchères de la houillère de Monthieux, en l'étude de Me Fessy-Moyse, notaire à Saint-Etienne. La mise à prix était fixée à 100.000 francs.

§ II. — Le rôle du Syndicat des mineurs de la Loire et l'acquisition de l'amodiation

À une première séance d'adjudication, aucun acquéreur ne se présenta. La mise à prix de 400.000 fr. paraissait exagérée, étant données les difficultés d'exploitation et les charges annuelles qu'aurait à supporter l'acquéreur (elles étaient évaluées à 36,000 fr.).

La mise à prix fut abaissée à 50,000 francs; mais une nouvelle tentative de vente sur ces bases n'eut pas plus de succès que la précédente.

C'est alors que la Chambre syndicale des mineurs de la Loire conçut le projet d'acquérir l'amodiation. Le désir de secourir les mineurs laissés sans ressources par la cessation des travaux, et aussi l'exemple voisin de la Mine aux Mineurs du Gier, suggéra l'idée de fonder une entreprise qui, à un but humanitaire, joindrait celui de réaliser une partie importante des revendications des ouvriers mineurs : la Mine aux travailleurs (1).

Ce fut, paraît-il, l'ouvrier mineur Mary qui émit, le premier, cette idée dans une réunion du Syndicat tenue le 26 août 1891. L'idée parut bonne aux syndi-

---

(1) Ce double but est clairement exprimé dans la requête introductive d'instance présentée ultérieurement par le Syndicat au début du procès qu'il soutint contre les administrateurs de la Mine aux Mineurs. V. infra, 3e partie, chapitre 1er.

qués, et ils nommèrent une commission d'initiative, qui fut chargée de recueillir les premiers renseignements, et de faire les premières démarches en vue d'atteindre ce but. Cette commission fut composée de six membres : les sieurs Perrin, Mary, Héritier, Plotton, Rose et Giraud.

Une nouvelle réunion du Syndicat fut tenue le 23 septembre. La commission rendit compte de ses démarches, et l'achat de la mine fut alors définitivement résolu.

La commission d'initiative s'assura le concours de M. Franck Bertrand, industriel à Saint-Etienne, bien connu dans le monde politique pour ses idées généreuses et novatrices. Il l'accompagna à Paris, et exposa le projet formé par le Syndicat à des membres influents du Parlement. L'accueil reçu fut des plus encourageants : le ministre des finances promit de faire remise des droits d'enregistrement; des demandes de subvention furent adressées à la Chambre des députés et au Conseil municipal de Paris; et les grands journaux parisiens promirent d'ouvrir des souscriptions.

La commission s'aboucha avec Mᵉ Pauly, liquidateur de la Houillère de Monthieux, et obtint que le prix de vente de l'amodiation serait réduit au chiffre de 10.000 francs. Une promesse de vente fut régulièrement passée par-devant notaire, le 26 octobre 1891, entre le liquidateur et les membres de la commission d'initiative; le liquidateur s'obligeait à vendre à une Société anonyme à capital et personnel variables, au capital minimum de 60,000 francs, qui devrait être

4

constituée avant le 30 novembre, « tous les objets, meubles et immeubles, matériel et droits quelconques, dépendant de la Houillère de Monthieux, et le droit d'amodiation de la concession jusqu'à complet épuisement de la houille. » On stipulait d'ores et déjà le prix de 10.000 francs, payables comptant, le 30 novembre, jour où les acquéreurs prendraient possession de la mine, et où toutes les charges leur incomberaient définitivement.

Le 27 octobre, une nouvelle réunion se tint au Syndicat, et on nomma une commission chargée d'élaborer les statuts de la future Société coopérative. Elle se composa des membres de la commission d'initiative auxquels on adjoignit les sieurs Violet, Caillot, Exbrayat, Martin et Villemez.

Cependant, les recherches de fonds donnaient des résultats. Une demande avait été présentée au Conseil municipal socialiste de Saint-Etienne en ces termes : « Comptant absolument sur le dévouement du Conseil municipal socialiste, le Syndicat présente à Monsieur le Maire une demande de secours de 10,000 francs, en le priant de remarquer que cette somme n'est pas une aumône demandée par des malheureux. Cette somme ne sera pas employée comme fonds de charité individuelle, mais bien pour faire revivre les mines de Monthieux, et sortir de la misère près de cinq cents ouvriers sans ouvrage » (1).

---

(1) Bulletin municipal, séance du 27 octobre 1891.

À la séance du 27 octobre, le Conseil accueillit
la demande du Syndicat et vota, à l'unanimité des
membres présents, la somme demandée par le Syndicat.

De nouvelles démarches furent encore faites à Paris,
en vue d'obtenir des fonds; M. Marinoni, directeur du
Petit Journal, promit personnellement 50.000 francs. Le
Conseil municipal de Paris vota 10.000 francs, et la
Chambre des Députés vota elle-même un crédit de
50,000 francs. Dans la région stéphanoise, les journaux ouvrirent des souscriptions, et des collectes furent faites parmi les mineurs aux abords des puits pour
constituer la Mine aux Mineurs.

Pendant ce temps, les statuts de la Société avaient
été élaborés par la commission. Ils furent soumis à l'approbation du Syndicat dans la réunion du 1er novembre, et adoptés à l'unanimité. Tout allait donc pour
le mieux, et on allait pouvoir enfin réaliser le rêve
exprimé dans toutes les revendications des ouvriers
des mines : une entreprise dans laquelle le travail serait
tout, et où le capital n'aurait plus aucune part; où il
n'y aurait plus ni patrons ni ouvriers, mais seulement
des travailleurs associés; une entreprise dans laquelle
l'égalité dans l'effort correspondrait à l'égalité dans
le produit, où il n'y aurait plus lutte de classes, mais
solidarité et bonne entente entre tous.

Car, il ne faut pas le dissimuler, c'était bien là le
but poursuivi; c'était bien une vaste expérience économique que l'on prétendait tenter, et dont on attendait des résultats concluants. Les partisans de la ré-

forme économique, les novateurs, ne se firent pas faute de le proclamer.

Le *Réveil des Mineurs*, organe de la Fédération nationale des mineurs de France, écrivait le 24 octobre : « La Chambre syndicale des mineurs de la Loire vient d'accomplir un acte de socialisme pratique d'une haute portée. *L'acquisition des mines de Monthieux démontrera une fois de plus que les travailleurs peuvent fort bien se passer de la tutelle patronale, quoi qu'en disent les admirateurs du régime capitaliste que nous subissons* ». Bref, l'enthousiasme était à son comble dans le monde des mineurs et d'amateurs de théories nouvelles.

Il se trouvait pourtant des partisans du capital qui étaient plus réservés. Envisageant les difficultés à surmonter, ils se montraient sceptiques sur les résultats que pouvait obtenir l'entreprise. « Les adjudicataires vont avoir non plus seulement à faire preuve de qualités ouvrières, mais encore à se montrer des administrateurs habiles et des techniciens expérimentés. Des ingénieurs leur seront nécessaires pour les travaux et des employés pour la partie commerciale. Les questions d'assurances et de pensions ouvrières, les problèmes de préservation contre les accidents, pourront être là étudiés et résolus en toute indépendance.

« A exactement la définir, la nouvelle Mine aux Mineurs sera un vaste champ d'expérience pratique des idées et des projets de réforme du Syndicat des mineurs de la Loire. Les discours à panaches et les programmes pompeux ne sont plus de mise : désormais, c'est la lutte corps à corps avec la réalité dans toute sa brutalité et sa violence » (1).

M. Ferrier, ingénieur civil, bien au courant des gites houillers du bassin, insistait de son côté sur les difficultés techniques d'une exploitation à Monthieux, et pronostiquait l'impuissance de la Mine aux Mineurs à les surmonter. « Il ne s'agit pas ici, comme à Rive-de-Gier, d'exploiter des affleurements, mais des couches profondes. Les tréfonds à payer seront moindres, c'est certain; mais d'autres frais considérables ne pourront être évités : frais d'élevage au jour, dépenses d'aérage, d'épuisement des eaux, de boisage: de plus, le charbon de Monthieux est de qualité médiocre, et il faut prévoir un déchet d'un tiers pour offrir à la consommation un produit vendable.

« Qu'on ne croie pas non plus que le travail par les ouvriers, sans direction technique et savante, ait la vertu de résoudre toute la difficulté des mines profondes et surtout grisouteuses, comme à Monthieux; ils peuvent exploiter des affleurements : des travaux profonds, jamais ! »

Comme on le voit, il y avait dans l'opinion deux courants contraires, l'un de confiance et d'enthousiasme, l'autre de scepticisme; mais tout le monde attendait avec curiosité de voir à l'œuvre la nouvelle entreprise.

---

(1) Article du *Temps* reproduit dans le *Mémorial de la Loire* du 26 octobre 1891.

En dépit de toutes les critiques, les fondateurs de la Mine aux Mineurs gardaient leurs espérances, et entrevoyaient une ère de prospérité que rien ne pourrait troubler. Ils publièrent, le 31 octobre, une notice détaillée dans laquelle ils exhalaient leur confiance, et où ils faisaient le procès de la précédente administration de la Société capitaliste de Monthieux.

Ils affirmaient leur ferme croyance dans le succès de l'entreprise et appréciaient ainsi les obstacles qui avaient fait échouer leur devancière :

« Le mode d'exploitation adopté, disaient-ils, était défectueux à tous points de vue. Il manquait en premier lieu cette direction qui fait qu'on ne va pas à l'aventure, qu'on ne frappe pas à faux.

« C'est peut-être très joli d'avoir de jeunes ingénieurs, très forts en théorie, mais il est préférable d'avoir des hommes pratiques, capables de mener à bonne fin une entreprise commencée. C'est ce qui manquait aux mines de Monthieux. Ajoutez à cela que les frais généraux étaient trop élevés, et vous aurez une idée exacte des principales difficultés qui ont nécessité la vente de cette concession.

« Les retrouverons-nous lorsque les mineurs en seront devenus propriétaires ? Non, ils sont trop compétents ; les idées qu'ils ont sur l'extraction d'une mine tiennent trop du domaine pratique pour qu'ils donnent tête baissée dans les errements techniques. Guidés par la grande expérience qu'ils ont acquise, ils trouveront tout de suite la pierre de touche, et éviteront de grever leur revenu. Nous avons à peine besoin de dire qu'ils sauront réduire les frais de bureau à leur plus simple expression. Il n'y aura pas de sinécure à la Mine aux Mineurs, car nous ne souffrirons pas de fainéants !! » (1).

Cette page est instructive; elle montre bien avec quelle présomption les mineurs abordaient cette difficile entreprise, et quelle leçon ils comptaient donner autour d'eux en assurant sur de nouvelles bases la réussite d'une exploitation que le régime capitaliste, prétendaient-ils, avait tuée.

Le 25 novembre, les dix membres de la commission d'organisation tinrent, en l'étude de Mᵉ Fessy-Moyse, notaire à Saint-Étienne, l'assemblée constitutive de la Société Stéphanoise de la Mine aux Mineurs. Après approbation des statuts, il fut donné lecture de l'acte de déclaration de versement et de souscription du capital social. Il constatait que les six cents actions prévues aux statuts avaient été intégralement souscrites par les dix membres présents, et que le premier dixième avait été effectivement versé conformément à la loi. Les dix premiers actionnaires s'élirent eux-mêmes administrateurs pour cinq ans; M. Franck Bertrand fut nommé pour un an commissaire de surveillance. Le procès-verbal de l'assemblée constitutive restait déposé aux minutes de Mᵉ Fessy-Moyse; la Société Stéphanoise de la Mine aux Mineurs était définitivement constituée,

(1) Notice publiée par le Syndicat des mineurs de la Loire, pour la constitution de la Mine aux Mineurs. V. *Le Réveil des Mineurs*, nᵒ du 31 octobre 1891.

et il ne subsistait plus d'obstacle à la réalisation de la promesse de vente passée le 26 octobre précédent avec le liquidateur M° Pauly (1).

L'acte de vente fut signé le 28 février 1892. Voici, brièvement rapportées, les principales clauses qui y étaient stipulées.

Il était vendu à la Société de la Mine aux Mineurs :

1° *le droit d'amodiation* de la concession jusqu'à complet épuisement de la houille.

2° *la matériel et les immeubles* affectés à l'exploitation, comprenant :

a) un chemin de fer d'embranchement destiné à relier la mine aux voies de chemin de fer grand central de France;

b) le puits Saint-Jean (abandonné au moment du contrat) et ses dépendances;

c) le puits Stern et la fendue de la Richelandière (en exploitation lors du contrat);

d) le puits Saint-Denis (abandonné);

e) le puits Nord-Ouest;

f) divers ateliers de réparation et de constructions.

Le *prix* stipulé était de 10.000 francs.

D'autre part, l'acquéreur devait supporter les charges suivantes :

1° Il devait acquitter une redevance annuelle au concessionnaire, M. de Rochetaillée.

(1) La copie du procès-verbal de l'assemblée constitutive nous a été obligeamment communiquée par M. Duranton, secrétaire de la Chambre syndicale des mineurs de la Loire.

2° Payer à la Compagnie des Houillères de Saint-Etienne une somme annuelle de 9.005 francs, représentant la part mise à la charge de la Compagnie de Monthieux dans les frais d'exhaure, par un arrêt de la Cour de Lyon du 27 décembre 1888.

3° Continuer le service des pensions de retraite ou d'invalidité, s'élevant approximativement à la somme de 10.000 francs.

4° Acquitter les locations passives jusqu'à expiration des baux.

5° Payer une redevance annuelle de 600 francs à l'inventeur breveté d'un lavoir à berceaux faisant partie de l'exploitation.

Bref, les charges à supporter formaient un total approximatif de 36,000 francs.

L'acquéreur entrait en jouissance à partir du 30 novembre 1891, mais ne devenait propriétaire qu'à fin février 1892.

De fait, les mineurs prirent possession des chantiers le 1er décembre 1891.

L'œuvre collective était fondée.

Le 5 décembre, une inauguration solennelle eut lieu au puits Nord-Ouest, que l'on baptisa puits Marinoni, en témoignage de reconnaissance au généreux souscripteur.

Les membres du Conseil d'administration firent les honneurs des chantiers aux nombreux personnages politiques qui se trouvaient présents : MM. Girodet, Basly, Antide Boyer, Chassaing, Lagrange, députés; le conseil municipal de Saint-Etienne en entier, M. Lépine, préfet de la Loire, de Castelnau et Tauzin, ingénieurs lu corps administratif des mines.

M. Basly, dans un long discours, fit le procès du régime capitaliste et félicita les organisateurs de préparer, par une expérience pratique, l'avènement de l'ère socialiste.

Puis M. Lépine prononça une allocution, dont nous extrayons ces passages : ils dépeignent bien le caractère que l'on attribuait alors à la nouvelle institution (1).

« La cérémonie qui nous réunit ici, emprunte au
« lieu où elle se produit, aux circonstances qui l'ac-
« compagnent, aux craintes et aux espérances qu'elle
« évoque, un caractère de gravité qui frappe l'esprit.
« Quelles destinées sont réservées à l'entreprise que
« nous inaugurons aujourd'hui ? C'est au temps à nous
« l'apprendre; car, dans ce monde où il n'y a rien de
« nouveau, dit-on, c'est une chose nouvelle. Non .pas
« que la Mine aux Mineurs de Monthieux soit la pre-
« mière en date, mais parce que c'est la première fois
« que l'expérience se fait en grand.

« Vous allez être soumis à toutes les obligations, à
« toutes les charges financières qui incombent aux
« sociétés minières, et ces charges sont lourdes; d'un
« autre côté, de nombreuses existences de travailleurs
« sont liées à votre sort. Vous êtes tenus de réussir sous
« peine de compromettre l'idée généreuse et féconde

_____

(1) Compte-rendu de l'inauguration de la Mine aux Mineurs, *Mémorial de la Loire*, n° du 6 décembre 1891.

« qui préside à votre entreprise. Ce sont là des respon-
« sabilités sérieuses. Et pourtant, dans votre ardeur
« de néophytes, vous les envisagez avec confiance !...
« Que le succès couronne vos efforts !... etc., etc... »

Ce discours ne manque pas d'un certain piquant,
venant après les périodes enflammées du député Basly.
Il dépeignait bien les espérances fondées par le monde
ouvrier sur la nouvelle institution, mais il mettait en
parallèle les lourdes obligations assumées par ses fondateurs: derrière les paroles de commande du préfet,
ne devine-t-on pas le scepticisme de l'administrateur ?
Nous verrons par la suite qu'il y avait, pour un esprit
prévoyant, quelques raisons de douter du succès.

CHAPITRE II

LES STATUTS

Avant de raconter la vie de la Mine aux Mineurs nous croyons utile d'analyser les statuts qui allaient présider à ses destinées. Nous y chercherons la nature juridique de la Société; nous y montrerons ce qui décelait son caractère coopératif; nous y verrons enfin les traces, de l'influence syndicale qui se fit sentir sur l'entreprise à son berceau.

*
* *

Les statuts de la Mine aux Mineurs se réclament à chaque ligne du titre III de la loi du 24 juillet 1867, dont ils suivent pas à pas le texte.

L'application de ces dispositions exceptionnelles qui constituent des privilèges non déguisés en faveur des sociétés ouvrières de production, y est faite à la lettre; et si l'on met à part quelques lacunes que nous allons préciser, on ne peut leur reprocher d'être obscurs ou ambigus. On leur adresserait plus volontiers le blâme d'être trop clairs, et d'affirmer trop nettement certaines tendances dangereuses, accentuées dans la suite par les modifications dont nous aurons occasion de parler, et auxquelles nous devrons attribuer pour partie la faillite de l'entreprise.

1° Nature juridique de la Société. — A l'inverse du rudimentaire « Pacte Social » par quoi débuta la Mine aux Mineurs du Gier (1), les statuts de Monthieux n'ont pu donner lieu à aucune discussion au sujet de leur validité juridique. Si la Mine aux Mineurs n'a pas vécu, elle était née parfaitement viable, et ce n'est pas à l'insuffisance des premiers statuts qu'il faudra attribuer son échec.

Le titre de la société fut « Société Stéphanoise de la Mine aux Mineurs ». Ainsi l'expression un peu belliqueuse de « Mine aux Mineurs » lancée au Parlement par M. Francis Laur, et qui contient à elle seule tout un programme d'évolution sociale, apparaît pour la première fois dans un acte officiel.

On sait, en effet, que les entreprises précédentes, bien que qualifiées communément de « Mines aux Mineurs », s'étaient donné les appellations plus modestes de « Syndicats professionnels », ou de « Sociétés civiles de Mineurs ».

La forme adoptée par les statuts que nous analysons, est celle des sociétés anonymes (art. 1er).

---

(1) Voir suprà, chapitre III (2e partie), Procès engagé par la Compagnie des Houillères de Rive-de-Gier pour faire déclarer la nullité du pacte social.

La loi de 1ᵉʳ août 1893 est venue diminuer, jusqu'à le détruire, l'intérêt de cette précision. Mais lors des statuts primitifs de 1891, la société était-elle *commerciale ou civile ?*

La question de la commercialité d'une société de mines constituée dans la forme commerciale avait fait l'objet de nombreuses controverses que nous ne voulons pas exposer ici.

Bornons-nous à dire que lors de l'apparition de la Mine aux Mineurs, la jurisprudence semblait fixée dans le sens du caractère civil. Et l'on décidait que la loi de 1810, loi d'ordre public, décidait trop expressément dans son art. 32 que l'extraction de la houille était un acte civil, pour que les fondateurs d'une société minière pûssent, de leur seule volonté, lui donner un caractère commercial en adoptant une forme commerciale (1).

La loi de 1893 mit un terme aux controverses en ajoutant à la loi de 1867 un article 68, ainsi conçu : « Quel que soit leur objet, les sociétés en commandite « ou anonymes qui seront constituées dans les formes « du Code de commerce ou de la présente loi, seront « commerciales et soumises aux lois et usages du com- merce ».

La Mine aux Mineurs, constituée avant la loi de 1893, était donc une société civile. Mais les modifica-

(1) Cassat. 1ᵉʳ juillet 1878, D. 79.1.218. — 11 juin 1888, D. 89.1.293. — 28 janvier 1884, D. 84.1.145. — Grenoble, 19 mars 1870, S. 71.2.35. — La doctrine paraissait être également dans ce sens. V. Lyon-Caen et Renaut, tome II, nᵒˢ 91-1077.

tions apportées aux statuts, en 1900, en changèrent
le caractère par la nouvelle rédaction de l'art. 1ᵉʳ. On
y visait expressément en effet la loi de 1893, et l'on se
plaçait sous son égide.

Nous aurons l'occasion de revenir sur ce point lorsque nous parlerons des difficultés qui accompagnèrent
la dissolution de la Mine aux Mineurs (1).

2° *Caractère coopératif de la Société.* — Tel était
donc le caractère juridique de la nouvelle société : elle
était principalement une *société anonyme*. Mais sa
forme essentielle se trouvait affectée d'une modalité
plus essentielle encore : la variabilité du capital et du
personnel, permise et réglementée par le titre III de la
loi de 1867.

Cette mobilité du capital et du personnel est le caractère distinctif des coopératives (2). Tandis que, de
droit commun, le capital des sociétés commerciales est
fixe, en ce sens que toute augmentation ou diminution
du capital statutaire doit être publiée pour être oppo-
sable aux tiers, le capital des sociétés visées par les
art. 48 et suivants de la loi de 1867 est variable par
essence.

a) *Variabilité du personnel.* — La Mine aux Mineurs
met à profit cette prérogative dès les premières lignes
de ses statuts : « Le personnel, y est-il dit, sera com-

_____

(1) V. infra, 3ᵉ partie, chapitre III.

(2) Sans doute, une société coopérative peut, à la rigueur, n'être pas à capital variable, ou inversement ;
mais pratiquement, il existe entre ces deux modalités, une
synonymie quasi absolue.

« posé exclusivement d'ouvriers mineurs qui devien-
« dront titulaires chacun d'une action en étant embau-
« chés à la mine. »

L'article 1er, § 1, a d'ailleurs pris soin de préciser que la société anonyme et à capital variable est
formée entre les propriétaires des actions créées par
les statuts, *et ceux qui le deviendront ultérieurement
en venant travailler à la mine, soit à l'intérieur, soit
à l'extérieur.*

Il résulte donc de ces dispositions que devra être
considéré comme sociétaire de la Mine aux Mineurs,
tout ouvrier engagé à la mine, *quelle que soit la forme
de son engagement, et quelles que soient les fonctions
qui lui sont assignées.* Les termes de l'art. 1er sont conçus d'une façon trop générale pour laisser subsister à
cet égard le moindre doute.

Au surplus, si ces termes n'étaient pas assez clairs,
on ne saurait perdre de vue, pour les interpréter, le
caractère social, nettement anti-patronal de la Mine
aux Mineurs. Puisqu'il s'agit de supprimer le patron
et d'élever l'ouvrier du rang de salarié à celui d'associé,
aucune exception ne peut être faite parmi les ouvriers,
et il serait singulièrement illogique de créer des catégories arbitraires, en refusant aux uns la qualité de
sociétaire accordée aux autres, alors surtout que les
statuts demeurent muets sur une distinction aussi essentielle.

Nous verrons dans la suite comment ces principes
furent transgressés, lors des procès des auxiliaires.

Le personnel étant ainsi précisé, sa variabilité se

manifestera sous plusieurs formes. Ce sera, en premier
lieu,l 'admission de nouveaux sociétaires sans autres
formalités que celles de leur embauchage à la mine,
c'est-à-dire l'agrément de l'assemblée générale. Les
statuts initiaux ne prévoyant, sur ce point, aucune difficulté possible n'ont aucune disposition précise sur la
forme et les conséquences de cette admission. Lors des
légitimes prétentions des premiers « auxiliaires » on
se hâtera de combler sur ce point la prétendue lacune
des statuts, et de porter une nouvelle atteinte à l'esprit
de la coopérative.

Outre l'admission de nouveaux membres, il fallait
aussi prévoir les *retraites* volontaires et les *exclusions*
d'associés. Les statuts sont à peu près muets sur ce
mode de variabilité du personnel. A peine fait-on allusion dans l'article 1er à ceux qui « cesseront de faire
« partie de la Société, s'il quittent le service sans l'au-
« torisation du Conseil d'administration »; dans l'article 4, à la sortie, au décès, à l'interdiction, à la radiation d'un ou plusieurs sociétaires; — dans l'art. 32,
à une délibération de l'assemblée général, décidant
qu'un ou plusieurs des associés pourront cesser de faire
partie de la Société, conformément à l'art. 52 de la
loi de 1867 (1).

Il faut évidemment regretter le laconisme des statuts

(1) L'art. 12, relatif aux parts de fondateurs, annonçait
cependant que les cas d'exclusion, soit d'un ouvrier fondateur, soit d'un sociétaire, feraient l'objet d'un règlement
intérieur.

sur la retraite volontaire d'un ou plusieurs sociétaires.
D'importantes questions demeureraient ainsi en suspens, qui pouvaient donner lieu à de graves difficultés.

Même imprévoyance et même oubli en ce qui concerne les droits et les obligations de l'associé qui se
retire. Mais, comme de ce fait, aucune difficulté n'a
surgi pour la Mine aux Mineurs durant son existence,
bornons-nous à signaler ces lacunes sans entrer plus
avant dans des discussions qui dépasseraient le cadre
de cette étude (1).

Quant à l'exclusion d'un sociétaire, elle est prévue
dans les statuts, par un simple rappel de l'article 52
de la loi de 1867, lequel déclare : « qu'il pourra être
« stipulé que l'assemblée générale aura le droit de déci-
« der à la majorité fixée pour la modification des sta-
« tuts, que l'un ou plusieurs des associés cesseront de
« faire partie de la Société. »

Cet article est expressément visé par le paragraphe
10, de l'article 32 des statuts relatif aux pouvoirs de
l'assemblée générale.

b) *Variabilité du capital*. — Comme le personnel, le
capital sera, lui aussi, essentiellement variable. Cette
variabilité, pour être conforme à l'esprit de la loi du
21 juillet 1867, s'exercera dans le sens de l'augmentation comme de la diminution.

_____

(1) Pour les principes et l'interprétation de l'art. 48 de
la loi de 1867, V. Houpin, Des Sociétés, tome III, nºs 973
et suivants.

Le minimum en est fixé à 60.000 francs divisés en 600 actions de cent francs.

Remarquons, puisque l'occasion s'en présente, qu'aucun des ouvriers mineurs entre lesquels sera effectué le partage des titres, n'apporte une versement réel. Ces 60.000 francs proviennent de souscriptions diverses (1).

Naturellement, le capital est susceptible d'augmentations et de diminutions. Il sera réduit ou accru en vertu d'une décision de l'assemblée générale, spécialement convoquée à cet effet. En aucun cas, on ne pourra le réduire à moins de 6.000 francs, ou à moins du dixième du capital s'il est supérieur à cette somme (art. 14).

Là encore, la loi de 1867 est fidèlement respectée.

Chaque titulaire ne pourra être titulaire de plus d'une action.

Ce principe de l'action unique par sociétaire est une des conséquences nécessaires du caractère coopératif. Il s'agit, en effet, d'assurer l'égalité de tous les sociétaires, d'éviter les spéculations, d'empêcher surtout que le cumul des actions entre les mêmes mains ne constitue de véritables capitalistes, ayant des intérêts contraires à ceux de la collectivité, ou les absorbant.

---

(1) Souscription de M. Marinoni : 50,000 fr.

Fonds votés par le Conseil municipal de Saint-Etienne : 10.000 francs.

Collectes faites dans les mines, et souscription de journaux : 4.000 à 5.000 francs.

Une double exception était apportée au principe par les statuts.

1° L'une n'est à la vérité qu'une mesure transitoire: jusqu'à ce que chacune des 600 actions ait trouvé un titulaire, il est nécessaire que les fondateurs soient possesseurs de plusieurs titres. Mais, au fur et à mesure que de nouveaux ouvriers seront embauchés, les actions réunies sur la tête d'un seul devront être transférées, après les formalités de l'art. 6, au nom de ces nouveaux ouvriers (1).

Il importe d'insister sur les caractères essentiels de ces actions.

Nous sommes, en effet, en présence d'une société sui generis, dans laquelle, malgré son caractère anonyme, l'*intuitus personæ* joue un rôle important. La Mine aux Mineurs est bien composée d'actionnaires, mais ces actionnaires sont des *ouvriers*, doivent être et demeurer des *ouvriers*. Au-dessus du caractère *anonyme*, il y a le caractère *social* de la Mine aux Mineurs. Si les actions de cette société singulière pouvaient se transférer avec la même liberté que celles des sociétés anonymes ordinaires, c'en serait fait de son esprit et de son but.

Il fallait que la loi de 1867 qui créait des privilèges en faveur des sociétés à capital variable, établit aussi

---

(1) En fait, le principe ne fut jamais appliqué, et la dérogation transitoire, dont il est ici parlé, devint la règle commune. Chaque sociétaire était titulaire de plusieurs actions de la Mine aux Mineurs.

des restrictions pour le cas où ces sociétés se constitue-
raient par actions. Il fallait notamment permettre au
Conseil d'administration d'écarter de la société les personnes dont la présence pourrait être une cause de danger ou de mésintelligence.

Pour ces raisons, l'art. 50 de la loi de 1867 édicte :
que la négociation des actions n'aura lieu que par voie
de transfert, et que les statuts pourront conférer au
Conseil et à l'assemblée générale le droit de s'opposer
au transfert.

Les articles 7 et 8 des statuts de la Mine aux Mineurs
déclarent, conformément à ces textes, qu'elles seront
cédées uniquement par voie de transfert sur les registres
de la Société et que, d'autre part, tout cessionnaire
devra être agréé par le Conseil d'administration qui
statuera sur toutes les demandes de transfert dans chaque réunion.

2° Une deuxième exception est apportée au principe
de l'action unique par l'article 12 des statuts qui crée
des parts de fondateurs au profit des ouvriers embauchés à la mine, depuis le début jusqu'au 31 décembre
1892.

Ces parts de fondateurs sont constituées à titre de
« *pensions alimentaires* » : comme telles, elles sont
nominatives, purement personnelles, incessibles et insaisissables. Cependant, au cas de décès ou de mise à la
retraite par infirmités, elles sont maintenues au profit
du titulaire avec tous leurs avantages, et réversibles
sur la tête de la veuve et des enfants mineurs jusqu'à
leur majorité.

Ainsi, les parts de fondateur se distinguent essentiellement des actions qui supposent nécessairement
chez le titulaire, la qualité d'ouvrier travaillant à la
mine (1).

Leur principal avantage est de donner droit à une
certaine part des bénéfices, exactement à la moitié du
pourcentage devant revenir aux sociétaires. Sans parler du caractère nominatif, la seule ressemblance des
parts de fondateurs avec les actions est que les titulaires
des unes et des autres ne peuvent en posséder plus
d'une. C'est encore une conséquence naturelle du caractère anti-capitaliste de la Mine aux Mineurs.

Répartition des bénéfices. — Le capital et le personnel ainsi précisés, voyons comment seront répartis les
bénéfices.

Ce partage fait l'objet de l'art 11 des statuts : 5 %
iront à la réserve statutaire, réduite ainsi au minimum
exigé par la loi : 5 % serviront d'allocation aux membres du Conseil d'administration pour prix des efforts
apportés à la gestion de l'entreprise. Cette disposition
blessait le principe d'égalité absolue dont on avait
voulu faire la base de la société nouvelle, et bien des
fois, des débats s'élevèrent à l'assemblée générale pour
faire supprimer cette allocation modeste, vestige, in-
compréhensible à la Mine aux Mineurs, d'une organi-

---

(1) L'exclusion seule qui doit, dit l'art. 42, faire l'objet
d'un règlement intérieur, peut éteindre les droits afférents
à la part de fondateurs. Celle-ci, dans ce cas, fera *ipso
facto* retour à la Société.

sation capitaliste; 45 % seront distribués par les soins du syndicat aux mineurs malheureux du bassin, adhérents au syndicat des mineurs de la Loire (art. 43) ; les 45 % restants se partageront par moitié, dont l'une sera attribuée aux parts de fondateurs, et l'autre aux sociétaires.

Ajoutons que l'art. 41, dans son dernier paragraphe, donnait au Conseil d'administration le droit d'affecter les 3/4 des bénéfices nets à la création d'un fonds de réserve spécial.

3° Tendances syndicalistes. — Ce serait commettre une grave omission, que de ne pas parler, en terminant cette analyse, du caractère syndicaliste de l'entreprise, affirmé par les statuts primitifs.

Syndicaliste, tel est en effet, au début, le caractère essentiel de la Mine de Monthieux. Elle est, en définitive, moins l'œuvre du parti ouvrier tout entier que celle d'une fraction importante du parti : la fraction syndicale.

L'article 43 suffirait à nous convaincre de cette tendance, si elle ne ressortait déjà, évidente, de l'ensemble des statuts que nous analysons. Un élément y apparaît officiellement : le syndicat des mineurs de la Loire. Il apparaît pour recevoir des éloges et une part importante des bénéfices.

On prévoit les objections et on y répond d'avance en disant que les fondateurs de la société, reconnaissants au syndicat de la part qu'il a prise à sa constitution, ont entendu non pas faire œuvre égoïste, mais créer un instrument de travail qui profite à tous en

vertu de la solidarité qui doit unir tous les mineurs.
Pour ces raisons, il est décidé qu'une partie des bénéfices sera affectée aux mineurs *syndiqués* tombés dans
le malheur; ce n'est qu'en cas où le syndicat dispa-
raîtrait que ce prélèvement serait affecté *à tous les
mineurs* malheureux du bassin.

Ainsi, la Mine aux Mineurs ne dissimule pas son
but, qui est sans doute d'accroître la force des associations ouvrières contre le capital, mais qui est aussi
d'assurer la suprématie du syndicat sur la masse elle-
même des ouvriers.

Ainsi conçu, le pacte social semblait devoir donner
au syndicat des garanties suffisantes; mais lorsque les
premiers administrateurs voulurent secouer le joug et
donner à l'entreprise l'autonomie nécessaire à son existence, le syndicat trouva le texte trop large, et parvint,
en suscitant des difficultés que nous aurons l'occasion
d'étudier, à faire consacrer plus étroitement encore
ses droits sur l'entreprise commune.

La suprématie ne dura pas longtemps d'ailleurs,
et la Mine aux Mineurs, suivant une évolution nécessaire que tous les efforts ne purent enrayer, affirma de
jour en jour son caractère coopératif qui devait bientôt lui-même faire place à un caractère nettement capitaliste !

Les autres dispositions des statuts primitifs n'of-
frent qu'un intérêt secondaire (1). Le titre III est con-

_____

(1) Voir Annexe n° I.

sacré au Conseil d'administration, à sa nomination et à ses pouvoirs. Les prescriptions de la loi de 1867 y sont, comme ailleurs, scrupuleusement suivies. Il en est de même pour la nomination et les pouvoirs des commissaires de surveillance qui font l'objet du titre IV. De même encore en ce qui concerne les assemblées générales dont s'occupe le titre V. Toutes ces dispositions, ainsi que toutes autres, réglant les inventaires, la compétence, l'élection de domicile, la dissolution et la liquidation de la société..., apparaissent comme l'œuvre d'hommes de loi experts, consciencieux, auxquels les fondateurs de la Mine aux Mineurs eurent la prudente idée de confier l'établissement de la charte fondamentale.

Tels étaient, étudiés surtout dans leur essence juridique, dans leur esprit coopératif et dans leurs tendances syndicalistes, les premiers statuts de la Mine aux Mineurs de Monthieux. En suivant pas à pas la marche de l'entreprise, nous verrons que maintes modifications y furent par la suite apportées.

TROISIÈME PARTIE

La Vie de l'Entreprise

―――――――

Écrire la vie de la Mine aux Mineurs, c'est écrire une histoire malheureuse : celle des difficultés sans nombre auxquelles elle se heurta.

Parmi ces difficultés, il en est une qui occupe à notre sens une place prépondérante, à raison de l'influence qu'eut sa solution sur le caractère social de l'institution : c'est la question des auxiliaires.

Aussi bien nous contenterons-nous de suivre un ordre chronologique, en divisant cet historique en trois phases :

La première, dans laquelle nous suivrons l'entreprise depuis sa fondation jusqu'aux procès des auxiliaires.

La seconde qui relatera les détails de cette important litige.

La troisième qui décrira la vie de l'entreprise depuis le procès des auxiliaires jusqu'à la liquidation de la société.

CHAPITRE PREMIER

L'ENTREPRISE DEPUIS SA FONDATION JUSQU'AU PROCÈS DES AUXILIAIRES

La Mine aux Mineurs était à peine constituée que les difficultés commencèrent.

Une constatation s'impose : c'est qu'elles furent soulevées précisément par le syndicat qui avait présidé à sa formation.

La chambre syndicale, en fondant la Mine aux Mineurs, avait entendu en faire avant tout une entre-

---

Nous avons puisé les éléments de ce chapitre dans :
a) Les articles de journaux locaux parus à cette époque;
b) Les dossiers mis obligeamment à notre disposition par Mes Cotta, Cuisson, Jaray, avoués à Saint-Étienne ;
c) Le registre de Délibérations des Assemblées générales;
d) Les communications verbales à nous faites par M. Plotton, fondateur de la Mine aux Mineurs, et M. Jourd, ex-président du Conseil d'administration.

prise syndicale, sur la direction de laquelle elle conser-
verait la haute main. C'est elle qui avait fait toutes les
démarches, qui avait recueilli les fonds, et adressé
toutes les demandes de subvention; et c'est d'elle qu'é-
manait la commission qui avait acquis l'amodiation
de Monthieux, et qui avait passé avec les liquidateurs
de la Compagnie Stern la promesese de vente que l'on
sait en attendant que la société fût régulièrement constituée. Les statuts mêmes de la société avaient été élaborés au sein du syndicat, et avaient été soumis à l'approbation de l'assemblée de tous les mineurs syndiqués.
On avait pris soin d'y faire allusion au rôle joué par le
syndicat dans la constitution de la Mine aux Mineurs,
et on lui avait réservé une part importante des bénéfices (15 %) qui devait être distribuée chaque année par
ses soins, aux mineurs malheureux, adhérents au syndicat (art. 43 des statuts).

Mais, peu à peu, comme il fallait s'y attendre, le
divorce s'était accompli.

Les dix membres de la commission d'organisation,
après avoir tenu entre eux l'assemblée constitutive, et
s'être élus eux-mêmes administrateurs de la société,
donnèrent leur démission d'administrateurs du syndicat pour « donner tous leurs soins à la nouvelle entreprise ». Puis, sentant combien l'ingérence continuelle
du syndicat était néfaste à l'organisation de la société,
ils cherchèrent à secouer ce joug, et se rendirent de
jour en jour plus indépendants.

Mais il n'avaient pas l'autorité nécessaire pour imposer une ligne de conduite à leurs collaborateurs, qui

appartenant tous au syndicat, y prenaient le mot
d'ordre.

Dès janvier 1892, moins de deux mois après la fondation, les récriminations s'élevèrent, et la chambre
syndicale des mineurs de la Loire fit entendre de
bruyantes protestations contre la façon d'agir du Conseil d'administration.

Le 29 janvier, elle faisait paraître dans les journaux
une note où elle critiquait d'un ton acerbe la gestion
du Conseil.

« Il nous semblait, disait-elle, que par son caractère
« et par son origine, cette exploitation allait avoir une
« administration très large, qui travaillerait au grand
« jour et donnerait quelque publicité à ses opérations
« commerciales pour bien montrer aux souscripteurs
« l'emploi qu'on faisait de leur argent. Au lieu de cela,
« nous avons dix citoyens qui s'isolent de la corpora-
« tion, et qui gardent un secret absolu sur toutes leurs
« délibérations... On leur a fait des statuts qui leur
« donnent les pouvoirs les plus étendus, sans surveil-
« lance, sans contrôle effectif. Leur puissance est inat-
« taquable, et comme ils sont toujours rééligibles, ils
« peuvent garder l'administration de la mine à perpé-
« tuité; ils peuvent fusionner avec d'autres sociétés,
« vendre la mine sans aucune autorisation : ils sont les
« maîtres !... » (1).

La première conséquence de ces dissensions fut une

(1) V. *Mémorial de la Loire*, n° du 29 janvier 1892.

mesure administrative prise par le préfet de la Loire,
M. Lépine, et qui fut extrêmement préjudiciable à l'entreprise nouvelle.

A la suite des démarches des fondateurs de la Mine
aux mineurs, la Chambre des députés avait voté un
crédit de 50.000 francs; le Conseil municipal de Paris
avait voté de son côté 10.000 francs. Ces fonds furent
adressés à l'administration préfectorale qui devait les
affecter à leur destination.

Mais en présence des difficultés soulevées, et des
récriminations du syndicat des mineurs, le préfet crut
devoir distribuer ces 60.000 francs, part· aux anciens
mineurs sans travail de la Compagnie de Monthieux,
partie au bureau de bienfaisance.

La société se trouva ainsi frustrée de sommes importantes sur lesquelles elle comptait pour constituer un
fonds de roulement indispensable; et ses ressources se
trouvèrent limitées à 50.000 francs, don de M. Marinoni, et à 3 ou 4.000 francs, produit des souscriptions
ouvertes dans le bassin lors de la constitution. (Les
10.000 francs de la ville de Saint-Etienne avaient servi
à payer l'amodiation).

La querelle ne fit que s'envenimer entre le syndicat
et ceux qu'il considérait comme les accapareurs de la
mine. Se sentant soutenu par les ouvriers, ses exigences
se firent de plus en plus grandes, et il somma les dix
administrateurs de remettre entre les mains de ses membres, les actions non encore distribuées. Sur le refus
de ceux-ci, il les assigna, le 16 avril 1892, pardevant
le Tribunal civil de Saint-Etienne.

La requête introductive d'instance (1) est instructive, et montre bien quelle organisation avaient rêvée
les promoteurs de l'œuvre collective.

Après avoir rappelé longuement la part prise par le
syndicat dans la recherche des fonds nécessaires à
l'achat de la mine, l'acte insiste sur ce fait que les
dix commissaires avaient été choisis dans son sein,
que leurs journées, pendant les démarches qu'ils firent,
leur avaient été payées sur la caisse syndicale, et qu'ils
avaient reçu mandat exprès d'acheter l'amodiation de
Monthieux pour la remettre ensuite entre les mains du
syndicat. On alléguait que le syndicat devait posté-
rieurement se constituer en société civile pour pouvoir
conduire l'exploitation. Au lieu de cela, les dix commissaires, trahissant la confiance de leurs mandants,
« avaient gardé pour eux seuls le bien collectif, et
« s'étaient illégalement nommés administrateurs d'une
« société fondée sans l'assentiment du syndicat ». Et
l'on demandait au tribunal de déclarer que les commissaires avaient abusé de leur mandat, et de les con-
damner (sous le bénéfice de l'offre faite par le syndicat
de se constituer en société civile), à remettre entre ses
mains toutes les actions de la Mine aux Mineurs. On
demandait en même temps de sanctionner une organisation nouvelle dont les bases seraient les suivantes : les
membres du syndicat, tous titulaires d'une action, même
ne travaillant pas à la mine, auraient droit aux réparti-
tions de bénéfices; seuls, les syndiqués travaillant à la

_____

(1) Dossier de M* Pauly.

mine pourraient faire partie du Conseil d'administration; enfin, une commission de trois membres, prise parmi les sociétaires ne travaillant pas à la mine, serait chargée d'exercer un contrôle sur la marche des affaires, et d'assurer l'équitable répartition des bénéfices entre tous les adhérents du syndicat des mineurs de la Loire.

On demandait, mais subsidiairement, et au cas de rejet des conclusions principales, la restitution de toutes sommes, secours ou allocations reçues par la chambre syndicale en vue de constituer la Mine aux Mineurs.

Peu de temps après l'assignation, le 21 avril, la grève éclatait à la Mine aux Mineurs, et prenait le caractère d'une révolte contre le Conseil d'administration. Au cours d'une réunion tenue par les grévistes à la Bourse du travail, le 24 avril, et qualifiée par eux d'assemblée générale, on vota la destitution de l'ancien conseil, et on en installa un nouveau, composé des sociétaires Desmarets, Paret, Huguet, Guillaume, Lérissel et Julien.

C'était donc l'anarchie la plus complète. L'entreprise livrée ainsi à deux factions rivales menaçait de sombrer à ses débuts. L'ingénieur, M. Payen, responsable de la direction technique, ne voulant pas reconnaître le nouveau Conseil d'administration, menaçait de donner sa démission s'il était maintenu. Le service du contrôle faisait en même temps savoir qu'il ferait fermer la mine si cette démission se produisait.

Une ordonnance de référé rendue à la requête de l'ancien Conseil, nomma M. Payen, séquestre, et lui confia provisoirement la direction de l'entreprise.

6

La lutte se poursuivit alors entre les deux conseils d'administration, et le 11 mai 1892, le tribunal était saisi du litige, et prié de déclarer auquel des deux devait revenir la direction de la Mine aux Mineurs.

Pendant tout le cours de l'instance, des incidents surgirent, nombreux. Les salaires ne furent plus régulièrement payés, et de nombreux ouvriers abandonnèrent leurs chantiers; des accidents se produisirent, et deux administrateurs furent condamnés correctionnellement pour infraction aux règlements sur les mines grisouteuses.

En même temps, le premier semestre 1892 arrivait à son terme sans que l'assemblée générale eût été convoquée conformément à l'article 28 des statuts; les sociétaires, désireux de connaître la situation, firent sommation aux aux anciens administrateurs d'avoir à la réunir; ceux-ci répondirent qu'ils n'avaient pas pour cela l'autorité suffisante, leurs pouvoirs étant discutés par ceux-là mêmes qui réclamaient cette mesure. Enfin, le tribunal trancha le différend, et dénoua cette situation inextricable.

Le jugement est du 16 juin 1892. Le tribunal, examinant l'attitude des dix fondateurs, depuis le début des pourparlers jusqu'à la constitution de la Mine aux Mineurs, la juge parfaitement correcte, et décide que la société a été valablement et régulièrement constituée. Examinant ensuite la validité de la prétendue assemblée générale du 24 avril, de laquelle les nouveaux administrateurs tenaient leurs pouvoirs, il la qualifie sévèrement. Il constate qu'aucune des formalités requises par

les statuts touchant les convocations, la publicité, la
fixation de l'ordre du jour, n'a été remplie, et qu'on
ne peut décorer du nom d'assemblée générale, la réunion tumultueuse tenue le 24 avril à la Bourse du travail. En conséquence, il déclare que seul l'ancien Conseil d'administration, régulièrement nommé, a qualité
pour représenter la société, et pour convoquer l'assemblée générale. Les juges de Saint-Etienne crurent en
même temps de leur devoir de donner à tous les sociétaires une leçon de solidarité, et de les exhorter à la
concorde et à la discipline : «Attendu que le Tribunal,
« dirent-ils, n'a pas à se substituer aux statuts et à
« examiner la situation d'une société que des dissenti-
« ments graves ont compromis dès l'origine, et compro-
« mettent encore aujourd'hui dans son existence; que
« c'est aux actionnaires à se conformer aux prescrip-
« tions qu'ils ont adoptées en parfaite connaissance
« de cause, à la loi qu'ils se sont faite eux-mêmes;...
« qu'il faut qu'ils évitent avec soin ces réunions tumul-
« tueuses qui apportent le trouble et le désordre dans
« le fonctionnement de toute association, et surtout
« d'une association de la nature de celle dont ils font
« partie... » Et le Tribunal engageait les dix fondateurs
à convoquer l'assemblée générale.

C'est ce qu'ils firent le 30 juillet suivant. Leur
succès ne fut qu'un succès éphémère, et il semble bien
qu'ils aient voulu simplement faire consacrer le principe de leur droit. Devant l'hostilité rencontrée parmi
les membres de l'assemblée, ils préférèrent, en effet, se
démettre de leurs fonctions, et ils quittèrent ainsi l'en-

treprise à la fondation de laquelle ils avaient eu une si grande part.

Battu sur le terrain juridique, le syndicat triomphait en fait, puisque la Mine aux Mineurs retombait en ses mains par la démission des dix administrateurs. Aussi, ne donna-t-il pas suite à l'instance qu'il avait engagée contre la Mine aux Mineurs, et qui était restée en suspens pendant le procès des deux Conseils.

L'assemblée du 30 juillet élut de nouveaux administrateurs qui semblaient à la dévotion du Syndicat: le sociétaire Thévenon en fut le président, et la concorde sembla rétablie.

Il faut constater toutefois que l'on ne procéda pas à la refonte générale de l'organisation, laquelle était cependant réclamée par le Syndicat dans son assignation du 16 avril 1892. Une Société civile ne fut pas constituée entre ses membres, et l'on se contenta d'une refonte partielle des statuts primitifs de la Mine aux Mineurs, par laquelle on donnait au Syndicat des gages qui parurent suffisants.

La nouvelle rédaction fut adoptée par l'assemblée du 13 novembre 1892 (1).

_____

(1) Voici la nouvelle rédaction :

ARTICLE PREMIER, § 3. — Il sera accordé, en outre, une action à deux membres par chaque Syndicat des mineurs de la Loire. Lorsque les porteurs d'actions ci-dessus désignés entreront à la Mine aux Mineurs comme travailleurs à ladite mine, ils conserveront chacun leur action, mais ils devront être immédiatement remplacés par un nombre

On organisait un véritable système de représentation syndicale dans le sein de la Société. On stipulait, en effet, que chaque Syndicat de mineurs du bassin de la Loire aurait deux actions au nom de deux de ses membres, et que ceux-ci auraient entrée et voix délibérative aux assemblées générales. Il fallait être syndiqué pour faire partie de la Mine aux Mineurs, et les embauches devaient être faites sur présentation exclusive des Syndicats (art. 1er).

égal dans leur Syndicat, c'est-à-dire que deux autres membres deviendront à leur tour possesseurs d'une action.

Pour être admis à faire partie de la *Société Stéphanoise de la Mine aux Mineurs*, il faut faire partie d'un Syndicat de mineurs quelconque et être reconnu digne pour cette admission à la Société.

Les solliciteurs de travail devront être présentés par leur Syndicat et, par conséquent, toujours appartenir à un des Syndicats ci-dessus désignés et se maintenir dans les conditions exigées aux statuts.

Le mode d'embauche se fera au moyen d'une liste préparée par les Syndicats du Département de la Loire. En cette circonstance, la priorité sera toujours donnée aux plus nécessiteux.

ART. 25. — Le nombre des commissaires peut être de trois. Un d'eux au moins devra être pris dans un Syndicat quelconque du département de la Loire.

ART. 43 (rédaction ajoutée au précédent ar. 43).— Les actionnaires de la Mine aux Mineurs, reconnaissant que la constitution de la Société a eu lieu grâce aux démarches et aux généreux efforts du Syndicat, et que ledit Syndicat est un des promoteurs de l'entreprise désignée aujourd'hui sous le nom de « Mine aux Mineurs de Monthieux » *dûment accordée par les présentes à la Chambre syndicale des mineurs de la Loire*, les prérogatives auxquelles elle a droit sont les suivantes :

Le Syndicat des mineurs de la Loire, en dehors des

L'un des trois commissaires de surveillance prévus aux statuts devait être pris dans un Syndicat quelconque du bassin (art. 25).

Enfin, l'on reconnaissait expressément au « Syndicat des mineurs de la Loire » le pouvoir d'intervenir
chaque fois qu'il serait question de changer la forme de
la Société, d'aliéner tout ou partie de la mine, de
proroger ou dissoudre la Société (art. 13).

Ces modifications, et surtout le nouvel article 13,
constituaient un véritable traité passé entre la Mine

---

avantages à lui concédés par l'art. 13, pourra intervenir
toutes les fois qu'il sera question de changer la forme
de la Société, d'aliéner tout ou partie de la Mine, de proroger ou de dissoudre la Société, ou de modifier le susdit
article 13.

Toutes les fois qu'une question de ce genre devra être
mise en discussion, le Conseil d'administration du Syndicat sera prévenu officiellement dix jours d'avance par
lettre recommandée émanant de l'Administration de la Société de la Mine aux Mineurs. Cette lettre indiquera la
date de l'assemblée générale dans laquelle la question sera
mise en discussion.

Le Conseil d'administration du Syndicat, au reçu de
cette lettre aura la faculté de convoquer ses adhérents,
c'est-à-dire que tous les membres de la Chambre Syndicale pourront assister à l'assemblée générale, sur la présentation de leurs carnets de syndiqués.

Ils signeront la feuille de présence à l'assemblée générale, et ils auront voix délibérative comme les actionnaires de Montbieux sur les questions ci-dessus spécifiées,
c'est-à-dire sur celles intéressant la forme, la dissolution
ou la cession de la Société, ou la modification de l'art. 13.

Il demeure bien entendu que la Chambre syndicale
n'aura pas d'autres droits que ceux-là, et qu'elle ne pourra
intervenir que dans les cas limitativement désignés au
présent article.

aux Mineurs et la Chambre syndicale. Certes, la part
faite à celle-ci était belle, mais il faut constater que
la société gardait cependant une personnalité distincte
de celle du syndicat. Seulement, son autonomie était
limitée par une sorte de tutelle, de droit de contrôle
que devait exercer sur elle la chambre syndicale.

L'union ne dura du reste pas longtemps. La Mine
aux Mineurs s'émancipa progressivement et secoua
bientôt ce joug. Le caractère coopératif se développa
au détriment du caractère syndical, et la nécessité
d'une solide organisation montra bien vite à ceux-là
mêmes qui l'avaient désirée, ce qu'avait de dangereux
l'ingérence syndicale pour la bonne marche de l'entreprise.

L'émancipation ne se fit pourtant pas en un jour;
et l'on retrouve encore l'influence syndicale dans les
délibérations des premières assemblées qui ont suivi
les modifications du 13 novembre 1892.

C'est ainsi qu'à l'assemblée du 15 août 1893 on
décida qu'un retard de quatre mois dans le paiement
de la cotisation au syndicat donnerait lieu à application des pénalités prévues à l'article 4 du règlement
intérieur (1 à 3 jours de mise à pied) (1).

Mais, peu à peu, l'on se rendit compte que le syndicat jetait dans la société des éléments de trouble et
de discorde. A l'assemblée du 17 novembre 1893, des
débats orageux s'élevèrent à propos d'une demande en

(1) Registre de Délibérations des Ass. Gén., p. 5.

déchéance du président Thévenon, que les partisans du
syndicat trouvaient trop autoritaire. La demande fut
repoussée (2). A l'assemblée du 31 décembre 1893, une
longue discussion eut lieu au sujet de la radiation de
neuf sociétaires, amis du syndicat, qui avaient pro-
voqué à la mine un véritable tumulte le 4 décembre, et
qui avaient déposé au Parquet une plainte calomnieuse
contre le Conseil d'administration et le comptable de la
société. La discussion se termina par le vote de l'exclusion des fauteurs de trouble (3).

Ces attaques, cet esprit d'indicipline, hâtèrent le
divorce du syndicat et de la société. Il fut définitivement consommé en fait, lorsque les sociétaires consta-
tèrent l'attitude des délégués, non travailleurs, qui
représentaient les syndicats aux assemblées générales.
Ceux-ci, en effet, voyant la situation précaire et les
embarras financiers dans lesquels la société se débat-
tait, se désintéressèrent de l'entreprise et laissèrent
clairement entendre que les sociétaires eussent à sortir
de cette impasse comme ils le pourraient.

On s'éloigna donc du syndicat, et on chercha à
s'organiser pour donner à l'entreprise une vitalité jusque là compromise.

La première étape était franchie. L'institution avait
progressivement perdu son caractère syndical, et prenait davantage l'aspect coopératif, en éliminant de la
société des éléments inutiles et nuisibles, et en restrei-

(1) Registre de Délibérations des Ass. Gén., p. 15.
(2) Idem, p. 21.

gnant aux seuls travailleurs de la mine les charges
comme aussi les avantages de l'exploitation.

La société ne resta du reste pas longtemps sur ce
terrain que, cependant, dans l'esprit des fondateurs,
elle n'aurait dû jamais quitter. Elle entra vite dans
une seconde phase d'évolution qui la poussa à se transformer insensiblement en société capitaliste: ce ne
furent bientôt plus *tous les travailleurs* de la mine, mais
parmi eux un nombre de jour en jour plus restreint,
qui furent les propriétaires de l'exploitation, et le salariat, que la Mine au Mineurs devait faire disparaître,
réapparut au sein même de l'entreprise rénovatrice.

La question des auxiliaires va nous montrer comment s'est produite cette curieuse évolution.

CHAPITRE II

LE PROCÈS DES AUXILIAIRES

La question des auxiliaires devint bientôt la question primordiale; dans l'histoire de la Mine aux Mineurs, elle tient une place importante. Elle motiva le plus formidable assaut qu'eut peut-être à subir l'entreprise de Monthieux, et déchaîna les passions les plus diverses dans le monde des mineurs.

La question touchait en effet de trop près à l'essence même de l'institution, pour laisser indifférents ceux qui avaient fondé sur elle des espérances de rénovation sociale.

La Mine aux Mineurs serait-elle ce que ses fondateurs avaient voulu qu'elle fût : c'est-à-dire une entreprise largement ouverte aux travailleurs, devant donner un instrument de production à une collectivité nombreuse; une société dans laquelle le travail, et le travail seul, donnerait des droits égaux à la répartition; une entreprise à caractère nettement anti-patronal, qui, si-elle ne prouverait pas pleinement la possibilité d'un état social où le capital n'aurait plus aucun rôle, y serait tout au moins un acheminement ?

Deviendrait-elle au contraire l'apanage de quelques-uns, qui concentreraient entre leurs mains une richesse destinée à tous, et substitueraient ainsi à la Compagnie de Monthieux un nouveau groupe d'employeurs ?

Telle était en définitive la question qui se posait. C'était tout le principe de la *Mine aux Mineurs*, qui était en jeu, et l'on comprend l'émotion soulevée par les procès des auxiliaires et les polémiques ardentes auxquelles ils donnèrent lieu.

Par deux fois la question des auxiliaires fut posée aux tribunaux: c'est en 1901 qu'elle eut le plus d'acuité, mais déjà en 1894 des travailleurs de la Mine aux Mineurs se virent refuser la qualité de sociétaires, et durent porter leur différent devant la justice.

Il ne sera pas sans intérêt de rapprocher les deux instances, et de voir comment deux solutions différentes ont pu juridiquement intervenir dans deux procès qui agitaient en somme une seule et même question.

§ I. — PREMIER PROCÈS DES AUXILIAIRES (1)

I. — *Exposé des faits*

Vers le milieu de l'année 1893, le personnel de la Mine aux Mineurs devint insuffisant pour assurer le

---

(1) Nous avons puisé les renseignements concernant cette affaire dans :

travail et répondre aux demandes de fourniture de charbon adressées à la société.

On décida alors de s'adjoindre de nouveaux ouvriers et de juin 1893 à août 1894, trente-un furent embauchés à la Mine aux Mineurs.

Quel fut, au moment de leur embauche, l'état d'esprit de ces nouveaux collaborateurs: se considérèrent-ils, dès le début, comme des sociétaires, devant participer aux risques de l'entreprise et ayant le droit de s'immiscer dans l'administration de l'affaire et d'en contrôler la gestion : se prirent-ils, au contraire, pour de simples ouvriers liés à la société par un contrat de louage de services, et n'ayant d'autre droit que celui de toucher des salaires fixes ? Il est assez difficile de le préciser en présence de l'attitude prise par eux au début de leurs services d'une part, et de la ligne de conduite qu'ils adoptèrent ensuite, d'autre part.

Il faut en effet constater que depuis juin 1893, date à laquelle ils entrèrent à la Mine aux Mineurs jusqu'à mai 1894, on ne trouve pas trace de réclamations de leur part, pour assister aux assemblées générales, et ils semblent bien s'être contentés de toucher régulièrement leurs salaires, sans revendiquer un droit quelconque à participer à la gestion de l'entreprise.

a) les dossiers qui nous ont été obligeamment communiqués par M⁸ Cotta et Jaray, avoués à Saint-Etienne ;
b) les articles de journaux locaux parus à cette époque ;
c) le registre de délibérations des assemblées générales ;
d) les communications verbales à nous faites par M. Jourd, ex-président du Conseil d'administration de la Société, et l'un des fondateurs de l'entreprise.

Mais en mai 1894, leur attitude changea. Ils réclamèrent le titre de sociétaires, et ils adressèrent dans ce sens une demande à l'assemblée générale. On lit, en effet, dans le compte-rendu de la séance du 20 mai : « Le secrétaire donne lecture d'une demande faite par les auxiliaires. Ceux-ci invoquent l'article 1er des statuts pour être reçus sociétaires. Cette demande est repoussée ». (1).

Cette demande, en effet, ne venait pas à son heure, et les réclamants se heurtaient à l'intention bien arrêtée des sociétaires d'évincer tous nouveaux participants. Cette tendance s'était déjà manifestée à une précédente assemblée. Le 25 février, un membre ayant proposé de recevoir « actionnaires » les ouvriers qui auraient dépassé six mois de présence à la mine, l'assemblée avait repoussé cette proposition et décidé par 56 voix contre 31, qu'il faudrait désormais 2 ans au moins de présence ininterrompue pour être admis sociétaire (2).

D'autre part, les membres de l'assemblée ne parurent pas émus de voir invoquer par les ouvriers qu'ils qualifiaient d'auxiliaires, l'article 1er des statuts. Ils se croyaient à l'abri de toutes difficultés, s'estimant couverts par l'article 1er d'un règlement intérieur qu'ils avaient adopté dans l'assemblée générale du 13 août 1893 (3). Cet article 1er disposait que : « Toutes les personnes employées à un titre quelconque soit dans les

---

(1) Registre des délibérations des Ass. Gén., p. 36.
(2) Idem, p. 27.
(3) Voir Annexe nº 3.

bureaux, soit au jour, soit au fond, soit pour les affaires industrielles ou commerciales de la société, et qui
ne seront pas sociétaires, seront purement et simplement occupées suivant les règles admises par l'usage
entre patrons et ouvriers, le Conseil d'administration
représentant, vis-à-vis d'elles, l'universalité des sociétaires de la Mine aux Mineurs ». (1).

L'échec éprouvé par les auxiliaires à l'assemblée
du 20 mai 1894 suscita parmi eux un vif mécontentement. Ils tentèrent de conquérir par la force le droit
qui leur était ainsi refusé de prendre part aux délibérations; et le 26 août suivant, ils envahirent purement
et simplement la salle de réunion, provoquant de la
sorte un tumulte facile à concevoir. (2).

Que faire en pareille circonstance ? Le Conseil d'administration se réunit le lendemain, et ne trouva qu'une
solution: ce fut le renvoi pur et simple des trente-un
auxiliaires. Après cette mesure, l'assemblée générale
se réunit à nouveau le 2 septembre: le président posa
derechef la question de la création de nouveaux sociétaires; l'assemblée répondit par un refus formel, et,
confirmant la résolution votée le 25 février 1894, modi-

_____

(1) V. Registre des Délibérations, p. 5.

(2) Voici le compte-rendu de cette séance : « Le président Thévenon demande à l'Assemblée de désigner des
assesseurs. A ce moment, un brouhaha se produit ; des
ouvriers non sociétaires ayant envahi la salle, l'assemblée serait devenue illégale. En présence de cet incident,
et afin d'éviter des bagarres qui n'auraient pas manqué
de se produire, le président lève la séance et la renvoie
au dimanche suivant. » V. Registre des Délibérations des
Ass. Gén., p. 11 .

fin l'article 1er des statuts en y ajoutant le paragraphe additionnel suivant : « Toutefois, l'état de l'entreprise ne comportant pas l'extension illimitée du personnel, il ne sera pas distribué d'action avant deux ans. Tous les ouvriers embauchés à titre provisoire seront purement et simplement occupés suivant les règles admises entre patrons et ouvriers. »

Sur les trente-un auxiliaires congédiés, vingt-un consentirent à reprendre le travail sur ces nouvelles bases; dix autres, les sieurs Mure, Artru, Reboul, Gilbert, Jurine, Martin, Fara, Thomas, Beauregard, Graillon s'y refusèrent et intentèrent un procès à la société de la Mine aux Mineurs.

II. — *Argumentation des parties*

L'argumentation des demandeurs était d'une logique rigoureuse.

Ils se bornaient à réclamer l'application de l'article 1er des statuts ainsi conçu :

« Il est formé par les présentes une Société anonyme à capital et personnel variables, entre tous les propriétaires des actions ci-après créées, *et ceux qui le deviendront ultérieurement en venant travailler à la mine, à l'extérieur ou à l'intérieur.*

« La société sera composé exclusivement d'ouvriers mineurs qui deviendront titulaires chacun d'une action en étant embauchés à la mine tant à l'extérieur qu'à l'intérieur, et qui cesseront de faire partie de la société s'ils quittent son service sans autorisation du Conseil d'administration. » (1).

En vertu de ce texte formel, nous avons droit disaient les demandeurs, au titre de « sociétaire » avec toutes les prérogatives et avantages quelconques y attachés.

Il importe peu, disaient-ils encore, que l'assemblée du 2 septembre ait modifié les statuts primitifs, car elle est radicalement nulle. L'article 29 des statuts dispose en effet que « l'assemblée générale se compose de *tous les sociétaires sans exception* », or vous nous avez indûment exclus de cette assemblée et de l'assemblée précédent du 26 août, malgré notre intention clairement manifestée d'y assister.

Sans doute, le Conseil d'administration avait pris antérieurement à l'assemblée du 2 septembre la mesure d'exclusion que l'on sait contre les auxiliaires et les avait purement et simplement congédiés; mais outre que cette mesure était injustifiée, disaient-ils, elle avait été prise en violation de l'article 21 des statuts qui dispose que « la présence de sept membres au moins est nécessaire pour la validité des opérations » : le Conseil qui les avait congédiés n'avait en effet compté que six membres, dont un avait protesté et voté contre cette mesure.

En conséquence, les auxiliaires demandaient :

1° Qu'on leur reconnût le titre de sociétaires.

2° Que les assemblées du 26 août et du 2 septembre fussent déclarées nulles.

_____

(1) Voir Annexe n° 1.

3° Que la décision prise à leur encontre par le Conseil d'administration le 27 août 1894 fût pareillement annulée.

4° Qu'ils fussent réintégrés à la Mine aux Mineurs, faute de quoi ils auraient le droit de provoquer la liquidation de la société, ou encore pourraient exiger le paiement de dommages-intérêts.

5° Que la société fût condamnée à leur payer leurs salaires depuis leur renvoi illégal jusqu'à leur réintégration.

A cela que répondaient les sociétaires de la Mine aux Mineurs ?

Ils alléguaient, sans autrement préciser, que l'article 1er des statuts qui leur était opposé avait été rédigé par des mineurs inexpérimentés dans les choses juridiques, et qu'il était contraire à toutes les dispositions de la loi de 1867 sur les sociétés.

Que d'ailleurs, en votant le règlement intérieur du 13 août 1893, leur intention avait été de modifier l'article 1er des statuts (1), que ce règlement intérieur, net, précis, affiché en gros caractères à l'entrée de la mine et des chantiers, n'avait pu échapper à l'attention des auxiliaires, qui savaient ainsi quelle était leur véritable situation à la Mine aux Mineurs, et qu'ils l'avaient consciemment acceptée.

Ils prétendaient en outre, qu'en fait, les auxiliaires

---

(1) Dossier de Me Cotta. *Note pour l'avocat*, rédigée par le Conseil d'administration.

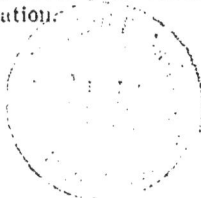

7

en faisant ce procès, s'imaginaient avoir à toucher prochainement de gros bénéfices; qu'ils n'avaient pas protesté dans la période difficile, alors qu'ils touchaient régulièrement leurs salaires, tandis que les sociétaires se contentaient d'une infime rémunération, et restaient bénévolement créanciers d'une part importante de salaires; que leur calcul était faux, car la société était loin d'être prospère, et était, au contraire, endettée de près de 90.000 francs (1).

Enfin, les demandeurs se disaient dans l'impossibilité absolue de recevoir de nouveaux sociétaires, les statuts ne prévoyant que 600 actions qui toutes étaient distribuées.

III. — *Jugement* (2)

Le 16 janvier 1895, le tribunal de Saint-Etienne trancha le différend.

---

(1) Dossier de M⁰ Cotta, *Note pour l'avocat*, rédigée par le Conseil d'administration.

(2) Voici le texte complet du jugement :

« Attendu que les demandeurs prétendent avoir été indûment et irrégulièrement privés des avantages que leur conféraient les statuts de la Société de la Mine aux Mineurs de Monthieux et concluent à leur réintégration, en leur qualité de membres effectifs et participants de ladite Société, sinon à l'allocation de dommages-intérêts pour réparation du préjudice qui leur a été causé ;

« Attendu que la Société défenderesse soutient pour sa défense que les sieurs Mure, Artru et autres n'ont jamais été admis ni considérés comme sociétaires, mais seulement embauchés comme auxiliaires à raison des néces-

Il repoussa la thèse soutenue par la société de la Mine aux Mineurs, et proclama le droit des demandeurs au titre de sociétaires.

L'article 1er des statuts, rédigé d'ailleurs en pleine connaissance de cause, est trop formel, disaient les juges de Saint-Etienne, pour qu'il soit possible de con-

---

sités de l'exploitation ; que, d'autre part, l'article 1er des statuts qui est invoqué, a été rédigé par des gens inexpérimentés et est entaché de nullité comme contraire aux prescriptions de la loi de 1867 ;

« Attendu que de tels moyens de défense ne sauraient être sérieusement opposés aux demandeurs en présence des faits dûment constatés aux débats, et des termes formels des statuts qui font la loi contractuelle des parties ;

« Attendu, en effet, qu'il est impossible de faire la distinction que voudrait établir la Société défenderesse entre la situation des ouvriers qui se sont présentés les premiers pour fonder l'œuvre commune, et ceux qui sont venus ensuite offrir leurs services, alors que la Société étant créée et composée de membres en nombre suffisant, l'adjonction de nouveaux adhérents devenait inutile ; qu'à ce sujet, les termes de l'article 1er susvisé ne comportent, dans leur généralité, aucunes différences ou clauses spéciales avec les uns et les autres, et que, dès lors, en l'absence de toutes conditions restrictives imposées aux demandeurs à l'époque de leur admission dans la Société, c'est à bon droit qu'ils en revendiquent tous les avantages ;

« Attendu que la Société de la Mine aux Mineurs de Monthieux ne peut se dérober aux conséquences de l'action dont elle est l'objet, sous le prétexte que toutes les actions émises, au nombre de 600, sont actuellement réparties entre les mains de ceux qui les détiennent légalement, et qu'elle ne peut contraindre ceux-ci à s'en dessaisir au profit de Mure, Artru et autres ;

« Que cet état de choses constitue bien une impossibilité matérielle de provoquer le transfert des actions,

sidérer comme de simples salariés, des ouvriers qui,
sur la foi des statuts, et sans qu'il leur soit imposé de
clause restrictive, ont engagé leurs services postérieure-
ment à la fondation de la société : c'est donc à bon
droit qu'ils revendiquent aujourd'hui la qualité de
sociétaires. Sans doute, toutes les actions sont pour-

---

mais ne délie pas la Société des engagements qu'elle a
pris inconsidérément envers les ouvriers qui ont accepté
le travail sur la foi des promesses qui leur étaient faites,
et qui n'étaient autres que les statuts rédigés avec plus
de netteté ; que les défendeurs ont contracté une obligation qu'ils ne peuvent remplir et qui doit se terminer par
une condamnation à des dommages-intérêts par application de l'article 1142 du Code civil :

« Attendu, sur ce point, que le Tribunal ne possède pas
quant à présent les éléments suffisants pour en apprécier
le quantum, puisqu'il ne connaît ni la valeur réelle des
actions dont les demandeurs seront privés ni l'importance
des salaires qu'ils auraient dû gagner pendant la durée
de leur expulsion de la Société ; qu'il convient donc d'ordonner que ces dommages seront ultérieurement fixés par
état ;

« Par ces motifs, le Tribunal dit et prononce que les
demandeurs ont qualité de membres de la Société Stéphanoise de la Mine aux Mineurs de Monthieux, conformément aux termes de l'article 1er des statuts ;

« Annule en conséquence toute délibération prise en
violation desdits statuts pour les priver de cette qualité ;
et en raison de l'impossibilité reconnue par la Société de
donner satisfaction aux demandeurs, notamment en ce
qui touche la remise des actions dont elle n'a pas la libre
disposition, la condamne à payer à chacun d'eux avec
intérêts légitimes pour réparation du préjudice subi, des
dommages-intérêts à fixer par état et sur justifications
qui seront ultérieurement fournies : la condamne en outre
aux dépens. »

vues de titulaires, et il y a impossibilité matérielle d'en
distribuer aux demandeurs; mais la société n'en est
pas pour cela dégagée vis à vis de ces derniers; elle a
contracté à leur égard une obligation de faire, qui doit
se résoudre en dommages-intérêts.

Et le jugement condamnait la société à payer à
chacun des demandeurs des dommages-intérêts à fixer
par état et sur justifications.

Ainsi prit fin ce premier différend. Les demandeurs
ne triomphaient pas pleinement, puisqu'ils ne rentraient
pas au sein de la société, et qu'en présence de l'impossibilité matérielle de leur remettre des titres ils se
voyaient simplement allouer des dommages-intérêts
sans obtenir la mise en liquidation sollicitée. Mais le
principe semblait sauvegardé. Les statuts primitifs restaient la charte de la Mine aux Mineurs, et « *en l'absence de toute autre clause restrictive* » imposées aux
ouvriers, ceux-ci devenaient sociétaires par le seul fait
de leur embauchage.

A y regarder de près cependant, le triomphe n'était
qu'apparent, et l'esprit du pacte social se trouvait
d'ores et déjà faussé. Ne laissait-on pas entendre, en
effet, qu'une clause restrictive imposée aux ouvriers
à leur embauche eût pu modifier la solution du litige ?

Les sociétaires comprirent la leçon donnée par le
tribunal. Nous l'allons voir en observant la ligne de
conduite qu'ils tinrent après ce premier différend jusqu'à la seconde attaque des auxiliaires.

§ II. — LE PROCÈS DE 1900-1901

Au commencement de 1895, après le premier procès des auxiliaires, la situation de la Mine aux Mineurs paraissait des plus précaires. Les embarras financiers et les difficultés croissantes d'exploitation rendaient son existence tout à fait aléatoire.

Dans le rapport qu'il présentait à l'assemblée à la fin de l'année 1894, le commissaire de surveillance attirait l'attention des sociétaires sur cet état de choses: les pertes brutes du second semestre 1894 s'élevaient à la somme de 17.975 fr. 35, et le commissaire ne dissimulait pas la nécessité de s'imposer de grands sacrifices pour « se sauver d'une situation que mon devoir m'oblige de vous signaler comme désastreuse ». (1).

La situation n'était pas améliorée en juin 1895, et à cette époque encore, le commissaire de surveillance signalait l'état critique de la société et prédisait la ruine « si avec le personnel existant on n'augmentait pas la production. » (1).

On ne payait plus régulièrement les salaires, et la plupart des membres de la société se trouvaient créanciers du prix d'un nombre important de journées de travail.

---

(1) Assemblée générale du 4 novembre 1894. Rapport de M. Guy, commissaire de surveillance.

(2) Registre des Délibérations des Ass. Gén., p. 66

Avec cela la discorde régnait au sein de la société ; et malgré les nombreux appels à la concorde et à l'union adressés par l'ingénieur et le commissaire de surveillance, des récriminations et des dissensions intestines s'élevaient chaque jour plus violentes.

Beaucoup de sociétaires, découragés, préférèrent abandonner l'entreprise : ils se firent régler l'arriéré de leurs salaires et signèrent régulièrement le transfert de leur action. La feuille de présence annexée au registre de délibérations des assemblées générales indique en effet que pendant les deux années 1894 et 1895, le nombre des actionnaires passa successivement de 115 à 112, puis 100, 81 et 78.

La nécessité de faire face aux charges de l'exploitation (redevances, service des rentes aux retraités et aux blessés, indemnités de dégâts de surface, etc.), exigeait cependant qu'on ne laissât pas descendre au-dessous d'un certain niveau le chiffre de l'extraction de la houille. Par suite des départs successifs de sociétaires, la main d'œuvre manquait : on embaucha des ouvriers auxiliaires.

Comment expliquer cette mesure ?

Les sociétaires laissèrent entendre dans la suite, que ne pouvant plus trouver de gens qui veuillent courir les risques d'une entreprise notoirement mauvaise, et s'exposer à d'importantes retenues de salaires, ils se virent contraints alors de s'assurer le concours d'auxiliaires, c'est-à-dire de manœuvres « qu'ils payeraient régulièrement, et des services desquels ils pour-

raient se passer si les circonstances et l'état de la caisse
venaient à l'exiger » (1).

Les auxiliaires prétendirent au contraire que de
longue date, certains sociétaires avaient projeté de
s'emparer de la Mine aux Mineurs, et par tous les
moyens, même par des dissimulations d'actif, avaient
laissé croire que la situation était désespérée et moti-
vait la suspension des règlements de salaires. « Ceux
des sociétaires qui étaient amis et complices restaient,
car le Conseil leur faisait secrètement passer des subsi-
des; ceux, au contraire, qui avaient cessé de plaire et
dont on voulait se débarrasser ne touchaient rien et
furent contraints, par la misère, d'aller gagner ailleurs le pain de leurs enfants » (2).

---

(1) Note publiée par les Sociétaires dans le *Mémorial
de la Loire* du 16 janvier 1901.

(2) Note publiée par les Auxiliaires dans la *Loire Républicaine* du 2 juin 1901.

En parlant de « dissimulation d'actif », voici à quoi
faisaient allusion les Auxiliaires :

Vers le milieu de 1893, les fonds de la Société, déposés
à la Société Générale, furent portés à un compte B sous
le nom de M. Aulagne, caissier de la Mine aux Mineurs.
On avait pris cette mesure pour parer aux inconvénients
provoqués par les discordes incessantes qui s'élevaient au
sein de la Société.

Les Auxiliaires ont soutenu dans la suite que c'était
là une manœuvre destinée à faire croire que la situation
était désespérée, et à décourager le plus de sociétaires
possible.

La déclaration formelle du directeur de la Société
Générale, fournie lors du procès de 1901, semble bien avoir
rétabli les faits sous leur vrai jour, et avoir démontrer

Quoi qu'il en soit des auxiliaires furent embauchés.

Quelle fut leur situation juridique au regard de la société ?

Il est à remarquer qu'à cette époque le pacte social primitif existait toujours et régissait encore la société, puisque les modifications aux statuts, votées par l'assemblée générale en vue d'exclure du sociétariat les demandeurs au premier procès des auxiliaires, avaient été annulées par le jugement du 16 janvier 1895. Mais la « clause restrictive » dont il était parlé à ce premier jugement, fut alors imposée par le Conseil d'administration, désireux de prévenir le retour de pareilles difficultés. Tout auxiliaire embauché devait signer une déclaration ainsi conçue :

« Les soussignés, embauchés à titre d'auxiliaires et provisoirement comme ouvriers de la Mine aux Mineurs de Monthieux, s'engagent à se soumettre au règlement en vigueur à ladite société.

« Il est bien entendu que si, par suite de circonstances indépendantes de la volonté du Conseil d'admi-

---

la fausseté des allégations des Auxiliaires. M. Sarrus déclara, en effet, sur la demande du Conseil d'administration « qu'étant banquier de la Mine aux Mineurs de Monthieux, il dut refuser toutes opérations de banque à un moment donné, à cause des difficultés fréquentes qui s'élevaient entre les divers membres. Pour remédier à cet inconvénient, M. Aulagne, comptable de la Société, fit ouvrir un compte à son nom personnel, dans lequel il fit figurer toutes les opérations que nécessitaient les besoins financiers de la Mine aux Mineurs. »
(Dossier de Me Pauly; note du Conseil d'administration).

nistration, ce dernier se voyait obligé de se priver de leurs services, les auxiliaires, *purement et simplement occupés suivant les règles admises par l'usage entre patrons et ouvriers*, ne pourraient exercer aucune poursuite contre la société. »

Notons que les termes de cette convention d'embauche n'interdisaient pas nettement l'accès de la société à l'ouvrier auxiliaire, et qu'en stipulant le caractère *provisoire* de ces nouvelles conditions de travail, il pouvait toujours espérer être un jour ou l'autre reçu sociétaire. Il paraîtrait même qu'on le laissa clairement entendre aux ouvriers ainsi embauchés. Confiants dans cette promesse, et dans les termes de l'article 1er des statuts toujours en vigueur, ils se contentèrent de cette situation, qui d'ailleurs n'était pas pour eux sans avantages, puisqu'elle leur permettait de toucher régulièrement des salaires malgré l'état précaire des finances de la société. De la sorte, ils ne subissaient pas les mauvais jours, et ils avaient l'espoir de participer aux bénéfices lorsque l'entreprise se serait relevée.

De leur côté, quelle conduite tinrent les sociétaires ?

Sous la direction énergique de M. Prudhomme, nommé président du Conseil d'administration à l'assemblée du 8 septembre 1895, la société était entrée dans une voie de relèvement; déjà à la fin de l'année 1895, la situation était moins embarrassée : le compte de la Société Générale qui ne portait au 30 juin que la somme de 733 fr. 80, accusait au 31 décembre un actif de 5.043 fr. 61. A l'assemblée générale du 2 février 1896, le rapport du commissaire de surveillance constatait

« qu'il y avait une progression très sensible; que la
situation était moins critique et tendait à s'améliorer
dans de notables proportions » (1).

Or, à mesure que la situation s'affirmait moins précaire, la volonté se manifestait plus énergique parmi les
sociétaires de ne pas accroître le nombre des participants. A cette même assemblée du 2 février fut proposée, en ce sens, une résolution significative. Elle est
ainsi libellée :

« Le Conseil d'administration propose à l'assemblée,
souveraine en pareille matière, de renouveler pour une
période de deux autres années la décision prise à la
date du 25 février 1894 (c'est-à-dire de ne pas créer de
nouveaux sociétaires). Si pendant cette période on
agrandit les champs d'exploitation, et si les travaux
en préparation aboutissent à un heureux résultat, une
nouvelle assemblée à l'expiration de ce délai de deux
ans, prendra les mesures qu'elle jugera utiles et justes » (2). Cette résolution fut votée par l'unanimité des
sociétaires.

Cette ligne de conduite se précisa encore dans les
années suivantes. Les exercices de 1896 et 1897 se soldèrent en bénéfices, et le chiffre des pertes accumulées,
de 47.474 francs à la fin de 1895, se trouva réduit à
27.608 francs au 30 juin 1898 (3). Pendant toute cette

---

(1) Registre de Délibérations des Ass. Gén., p. 79.
(2) Registre de Délibérations des Ass. Gén., p. 80.
(3) Rapport du commissaire de surveillance du 18 septembre 1898.

période ont prit de nouvelles mesures pour exclure tout nouveau sociétaire.

Le 30 août 1896, le Conseil d'administration annonçait à l'assemblée son intention de lui soumettre un projet de modification de l'article 1er des statuts, « afin d'éviter le retour des désagréments survenus maintes fois, par suite de sa rédaction défectueuse » (1). La modification annoncée fut effectivement votée à l'assemblée du 29 août 1897, et voici quelle fut la nouvelle rédaction adoptée :

« ARTICLE PREMIER. — Il est formé par les présentes une société anonyme à capital et personnel variables entre tous les propriétaires des actions et ceux qui le deviendront ultérieurement en venant travailler à la mine, tant à l'intérieur qu'à l'extérieur.

« La société sera composée d'ouvriers exerçant une profession utile à l'exploitation des houillères de Monthieux.

« Vu les grands travaux de recherches qui sont en cours, et étant donné que ces travaux peuvent ne pas aboutir et donner des résultats négatifs, il ne sera plus fait d'actionnaire pendant deux ans, à dater de l'acceptation des présentes modifications. A l'expiration de cette période, l'assemblée sera appelée à se prononcer sur le maintien ou la suppression de ces conditions » (2).

En même temps, on attribuait aux sociétaires, déjà

(1) Registre des Délibérations des Ass. Gén., p. 86.
(2) Registre des Délibérations des Ass. Gén., p. 100

pourvus, les titres vacants. L'assemblée générale du
20 mars 1898 décida que « seraient répartis sur les
actionnaires restants les titres déposés dans la caisse
sociale par suite du départ ou du décès des titulaires
de ces titres » (1). Mais comme on s'aperçut ensuite
que cette décision n'était pas conforme aux statuts primitifs qui stipulaient qu'on ne pouvait être porteur
de plus d'une action (article 5), on pensa tourner la
difficulté en votant le 18 septembre suivant la résolution que voici : « Il est décidé que les actions restant en
caisse par suite de cession ou de décès, seront réparties
sur les sociétaires restants. Les actionnaires, aux termes des statuts, ne pouvant posséder qu'une action, ils
auront *la garde* des actions en surplus et devront s'en
défaire si la société crée de nouveaux actionnaires » (2).

En 1899, la situation financière devint particulièrement brillante. Le bilan dressé au 30 juin révélait un
bénéfice net de 62.127 fr. 70 : les pertes accumulées
étaient totalement amorties, et le compte de profits et
pertes présentait un solde créditeur de 34.518 fr. 90 (3).

L'attitude des sociétaires vis à vis des auxiliaires
ne changea cependant pas. Leur nombre diminuait,
tandis que s'augmentait celui des auxiliaires salariés.
A cette date, ils n'étaient plus en effet que 65, tandis
que les auxiliaires étaient près de 200. On se contenta
de voter une augmentation de salaires de 10 % pour

(1) Registre des Délibérations des Ass. Gén., p. 107.
(2) Idem, p. 111.
(3) Rapport du commissaire de surveillance du 22 octobre 1899.

tout le personnel employé depuis plus d'un an; mais
on renouvelait en même temps la résolution votée en
1897, et on votait à l'assemblée du 6 août 1899, par
57 voix contre 8, la rédaction suivante de l'article 1ᵉʳ :

« Vu les grands travaux de recherches qui sont
en cours, et étant donné que ces travaux peuvent ne
pas aboutir ou donner des résultats négatifs, il ne sera
pas fait d'actionnaire pendant deux ans à dater du
29 août 1899. A l'expiration de ce délai, l'assemblée
générale sera appelée à se prononcer sur le maintien
ou la suppression de ces conditions » (1).

Le 8 avril 1900, on revint encore sur la question
de la création de nouveaux sociétaires, et on écarta une
proposition tendant à attribuer à de nouveaux membres
les actions sans titulaires (2).

Le mécontentement finit alors par gagner les auxiliaires, las de voir ainsi constamment ajourner l'époque
où ils pourraient, suivant l'esprit des statuts primitifs,
entrer enfin comme membres participants à la Mine aux
Mineurs.

En septembre 1900, ils se mirent en grève sur une
question de discipline intérieure, pour protester contre
les agissements d'un sociétaire gouverneur.

Nous arrivons de la sorte à la fin de l'année 1900.

Le bilan présenté à l'assemblée du 21 octobre fit
ressortir un bénéfice net de 16.529 fr. 90. Le compte de

----

(1) Registre des Délibérations des Ass. Gén., p. 127.
(2) Idem, p. 130.

profits et pertes était créancier de 81.333 fr. 10. Le
capital social de 60.000 francs était reconstitué, et tout
amortissement fait, il restait à distribuer une somme
disponible de 24.627 fr. 85 (1).

Il semblait qu'en présence de résultats aussi satisfaisants, l'assemblée générale allait rapporter les
mesures prises précédemment, et créer de nouveaux
sociétaires. On avait toujours allégué la situation précaire de la société pour expliquer aux auxiliaires des
dispositions qui leur faisaient grief, mais qui ne
devaient être que transitoires. Les termes des modifications successivement adoptées pour l'article 1er, leur
avaient toujours laissé l'espoir de parvenir au sociétariat. A présent que la mauvaise période était passée, et
qu'il y avait des bénéfices à distribuer, les auxiliaires
comptaient bien y participer.

Leur espoir fut encore une fois déçu. L'assemblée
générale du 8 décembre 1900 procéda à une révision
générale des statuts (2), et la nouvelle rédaction de
l'article 1er ne laissa plus cette fois aucun doute sur
l'intention bien arrêtée des sociétaires d'évincer tout
nouveau participant. Il n'était plus question en effet
de mesures transitoires, prises pour de courtes périodes,
et essentiellement révocables, et l'on décidait simplement que la société se composait « de tous les propriétaires des actions existantes ». L'ostracisme s'accen-
tuait encore dans le nouveau texte de l'article 5, § 8,

---

(1) Rapport du commissaire de surveillance du 21 octobre 1900.

(2) Voir Annexe.

ainsi conçu : « Chaque actionnaire pourra être titulaire d'une ou plusieurs actions. Les actions ne pourront être réparties *qu'entre les actionnaires actuels* de la société. En cas de décès, retrait volontaire ou révocation régulière d'un ou plusieurs actionnaires, leurs actions feront retour de plein droit à la société qui décidera en assemblée générale la répartition de ces actions entre les actionnaires restants ou entre de nouveaux actionnaires dont l'admission sera faite à la majorité ci-après fixée pour la modification des statuts (article 3) ».

En présence de textes aussi formels, les auxiliaires qui travaillaient à la mine à cette époque ne purent conserver aucune illusion sur les intentions des sociétaires à leur égard. Le 30 janvier 1901, il se constituèrent en société civile pour poursuivre en justice la reconnaissance de leurs droits, et le 11 février suivant, ils assignaient la société de la Mine aux Mineurs pardevant le tribunal de Saint-Etienne.

II. — ARGUMENTATION DES PARTIES

Tout comme les demandeurs du procès de 1894, les auxiliaires se réclamaient des termes de l'article 1er des statuts fondamentaux : chaque ouvrier embauché à la mine devenait *ipso facto* sociétaire: il devait recevoir une action, et avait entrée à l'assemblée générale.

Au mépris de ces statuts, disaient-ils, 62 des sociétaires primitifs se sont arbitrairement emparés de la mine et prétendent aujourd'hui en bénéficier seuls.

Pour donner une apparence de légalité à leur entreprise, ils ont à plusieurs reprises tenu entre eux des
assemblées générales et ont apporté aux statuts des
modifications essentielles tendant à évincer tout nouveau participant. Mais ces assemblées générales sont
irrégulières puisqu'elles ont été postérieures à l'embauche des premiers auxiliaires, et que ceux-ci, au mépris
des statuts n'y ont pas été convoqués. Elles ont ainsi,
sans droit, altéré la nature et le but de la société, en
créant à Monthieux, contrairement à l'intention des fondateurs, deux catégories de travailleurs : les sociétaires, érigés en patrons, et les auxiliaires, ou simples
salariés.

Sans doute, disaient encore les demandeurs, on nous
a fait signer une convention d'embauche par laquelle
on stipulait que nous n'étions occupés qu'à titre provisoire et suivant les règles admises par l'usage entre
patrons et ouvriers. Mais, la formule de cet engagement
n'était ni claire, ni précise: la plupart des auxiliaires,
illettrés, ont signé d'une croix, sans comprendre la
portée de la convention. D'autre part, on nous laissait
entendre qu'un jour ou l'autre, lorsque la situation
financière serait meilleure, nous serions admis au sein
de la société. Et les demandeurs plaidaient la nullité
de la convention d'embauche pour vice du consentement
résultant de l'erreur et du dol.

Enfin, ils prétendaient que cette convention, eût-
elle été consciemment signée par eux, n'avait aucune
valeur juridique : car elle constituait une dérogation essentielle au pacte social qui ne pouvait être

8

valable qu'à la condition d'avoir été votée par *tous*
les sociétaires, ce dont il n'était pas justifié. Dérogation es entielle, car l'intention des fondateurs et des
donateurs de la première heure n'avait pas été de favoriser un nombre restreint de sociétaires bien déterminés,
mais de mettre un instrument de production à la disposition de tous les ouvriers actuels et futurs qui viendraient travailler à Monthieux.

Ils produisaient notamment à l'appui de leurs dires
une déclaration très explicite des membres du Conseil
municipal de Saint-Etienne qui avaient voté, le 27 octobre 1891, une subvention de 10.000 francs au syndicat
des mineurs de la Loire, pour la création de l'entreprise
de Monthieux (1).

---

(1) Voici cette déclaration : « Nous tous soussignés,
anciens conseillers municipaux de la Ville de Saint-
Etienne, attestons, pour rendre hommage à la vérité, que
notre intention formelle, en votant cette subvention, était
de favoriser la création et la bonne marche de cette œuvre, et, par conséquent, de venir en aide à tous les ouvriers actuels et futurs, pouvant faire partie à un moment
quelconque, de la Société à créer. Notre pensée n'a jamais
été que cette subvention pût appartenir uniquement aux
ouvriers qui travaillaient alors dans les mines de Monthieux, estimant, au contraire, que tous ceux qui y viendraient plus tard devraient avoir les mêmes droits que
ceux-ci.

« Signé : BERTHON, VALENTIN, PLANTÉVIN, GRANJON, ROUX,
DUPIN, THIBAUDIER, PICHON, SAUNIER. »

Le Conseil municipal de Saint-Etienne, alors présidé
par M. Ledin, avait pris parti pour les Auxiliaires et ma-
nifesté un moment l'intention d'intervenir au procès, pour
appuyer leur demande. Une consultation fut demandée à

Ils concluaient en conséquence à : 1° l'annulation de toutes les modifications apportées aux statuts primitifs, et notamment de celles votées par l'assemblée du 8 décembre 1900; 2° la reconnaissance par le tribunal de leur titre de sociétaire de la Mine aux Mineurs de Monthieux, avec toutes les prérogatives qui y étaient attachées.

La société de la Mine aux Mineurs refusa le débat sur le fond et se borna à opposer à ses adversaires une exception préjudicielle tirée de leur défaut de qualité.

Les auxiliaires, prétendait-elle, se présentent devant la justice comme s'ils avaient été embauchés à la mine purement et simplement. Il n'en est pas ainsi : ils ne l'ont été qu'à titre auxiliaire, et tous ils ont accepté à leur embauche, d'être traités suivant les règles admises par l'usage entre patrons et ouvriers; ils ont en effet signé une déclaration très nette, très précise dans ce sens. Ils se sont donc liés à la société par un contrat de louage de services qui ne leur permet pas de revendiquer la qualité de sociétaires, alors même que les statuts primitifs n'auraient pas été modifiés. Ce contrat existe; il est net et précis, il a été librement et consciemment consenti, on ne peut donc en faire abstraction.

MM. Viviani et Briand, alors député de la Loire, sur la possibilité juridique de cette intervention de la Ville. Ils conclurent tous deux à l'irrecevabilité de l'intervention. La Ville s'abstint donc, mais fournit aux Auxiliaires, sur le conseil de M. Briand, la déclaration ci-dessus rapportée.

Et la société demandait au tribunal de décider que
« les demandeurs ont engagé leurs services dans des
conditions qui ne leur permettent pas de critiquer les
modifications apportées aux statuts primitifs par l'assemblée générale des sociétaires de Monthieux; qu'ils
n'ont donc pas qualité pour introduire pareille
action » (1).

III. — Jugement (2)

Le 10 juin 1901, le tribunal de Saint-Etienne trancha le litige par un long jugement dont voici l'analyse :

---

(1) Dossier de Mᵉ Pauly : Conclusions de la Société.

(2) Voici le texte complet du jugement :

« Attendu que les demandeurs, employés à titre d'auxiliaires par la Société de production ouvrière à personnel
et capital variables, dite « Société de la Mine aux Mineurs
« de Monthieux », se prétendant membres de ladite Société,
sollicitent du Tribunal la reconnaissance et la proclama-
tion de ce droit, et pour arriver à ce résultat, l'annulation de toutes délibérations contraires de l'Assemblée générale, de toutes modifications des statuts primitifs faisant obstacle à leurs prétentions.

« Attendu que, refusant le débat sur le fond, la Société
défenderesse se borne à opposer aux demandeurs, à titre
d'exception préjudicielle, leur défaut de qualité résultant
de ce qu'ils sont non pas des sociétaires ou associés, mais
uniquement des employés salariés .

« Que le débat se trouve ainsi restreint et qu'une seule
question reste soumise à l'appréciation du Tribunal, celle
de savoir si les auxiliaires demandeurs doivent être considérés comme des sociétaires ;

« Attendu, en droit, que la Société de la Mine aux
Mineurs est régie par les dispositions de la loi du 24 juil-

Il commence par poser en principe, que, sous l'empire de la loi du 24 juillet 1867, une société coopérative de production a le droit d'employer des auxiliaires: il ne se préoccupe pas de savoir si une exception n'a pas été portée expressément au principe dans le cas spécial de Monthieux, par l'intention des fondateurs et l'esprit

---

let 1867 qui a institué et réglementé les Sociétés de production à capital variable, qu'elle trouve dans cette loi les principes de son organisation et les limites de ses pouvoirs. Qu'il n'a jamais été prétendu ou allégué sous l'empire de cette loi qu'une Société de production ne puisse avoir recours, en dehors et indépendamment des sociétaires, à des employés ou ouvriers salariés. Que cette mesure est même d'un usage fréquent, puisqu'elle permet seule de pourvoir aux besoins exceptionnels de main-d'œuvre et de garantir aux associés un travail régulier, continu et sans chômage ;

« Attendu que les statuts primitifs de la Société ne sont pas, sur ce point, en contradiction avec la loi ; qu'ils ne prévoient pas, il est vrai, l'emploi d'ouvriers auxiliaires, mais qu'ils ne l'interdisent pas. Que le droit commun, tel qu'il résulte de la loi de 1867, reste donc applicable et par suite la faculté d'avoir recours à des auxiliaires ;

« Attendu que sans doute on peut prétendre que dans l'intention des fondateurs de la Société et de ceux qui lui ont fait des dons ou des avances, ladite Société doit être ouverte au plus grand nombre possible d'ouvriers et qu'en fixant à 600 le nombre des actions, on avait prévu l'augmentation jusqu'à ce chiffre du nombre des sociétaires ;

« Mais attendu que le Tribunal n'a pas à examiner cette question, encore moins à la juger puisqu'elle ne lui est pas actuellement soumise. Qu'il faut uniquement retenir de ce qui précède, qu'il est permis à la Société de la Mine aux Mineurs de Monthieux d'employer des ouvriers à titre d'auxiliaires ;

des statuts; mais il déclare que « le tribunal n'a pas à
examiner cette question qui ne lui est pas actuellement
soumise », et n'a à statuer que sur l'exception préjudicielle tirée du défaut de qualité des demandeurs.

Il rappelle ensuite l'interprétation donnée à l'article 1er des statuts par le jugement de 1895, et fait allu-

---

« Attendu, ces précisions étant faites, qu'il reste à
rechercher à quel titre les demandeurs au procès travail-
lent à la mine de Monthieux ;

« Attendu qu'un précédent jugement de ce siège a décidé
qu'à défaut de toute stipulation ou clause restrictive, les
travailleurs de la mine devaient être considérés comme
des sociétaires. Que les termes des statuts très larges,
très compréhensifs, permettent en effet de juger ainsi, en
interprétant dans le sens le plus libéral l'esprit du pacte
fondamental de la Société ;

« Mais attendu que la Société défenderesse allègue que
la clause restrictive prévue et réclamée par le Tribunal
dans le jugement du 16 janvier 1895 qui n'existait point
dans l'espèce alors litigieuse, existe actuellement. Qu'elle
explique que depuis le 15 septembre 1894 elle a exigé de
tous les ouvriers embauchés à titre d'auxiliaires une déclaration écrite constatant la nature du contrat qui les
lie et les obligations réciproques existant entre eux et la
Société ;

« Qu'on lit notamment dans cette déclaration que « les
« soussignés sont embauchés à titre d'auxiliaires et pro-
« visoirement comme ouvriers. » Et encore « que les auxi-
« liaires sont purement et simplement occupés suivant
« les règles admises par l'usage entre patrons et ouvriers »;

« Attendu que cette déclaration a été successivement
signée par tous les auxiliaires engagés depuis le 15 septembre 1894, que les deux registres contenant les signatures sont représentés. Que ceux qui ne savent pas écrire
ont apposé une croix sur le registre et ont ainsi donné
une adhésion aussi formelle que ceux qui ont signé ; l'en-

sion à la « clause restrictive » dont il avait été parlé.
Cette clause restritive existe aujourd'hui, décide-t-il :
c'est la convention d'embauche signée par tous les
demandeurs à leur entrée à la mine, et par laquelle ils
reconnaissent « avoir été embauchés à titre d'auxiliaires et provisoirement comme ouvriers ».

---

gagement ainsi contracté n'étant, d'ailleurs, pas contesté
en fait et ayant été, ainsi qu'il sera dit plus loin, librement exécuté par to s, soit q.'ils aient signé, soit qu'ils
aient apposé une croix ; .

« Attenda que les termes du contrat ainsi accepté par
les ouvriers sont clairs et précis, qu'ils ne prêtent à aucune
difficulté d'interprétation. Que les ouvriers ne sauraient
donc dire qu'ils ont été trompés et que leur signature a
été apposée par erreur ;

« Attendu qu'ils allèguent, il est vrai, qu'ils ont été
victimes de manœuvres dolosives, mais qu'ils n'indiquent
pas ces manœuvres, ne font aucune preuve, ni même aucune offre de preuve sur ce point, qu'il est de principe
que la fraude et le dol ne se présument pas ; que cette prétention doit donc être écartée. Qu'ils ne prétendent pas
avoir été amenés à signer le registre précité par suite
de violence ou contrainte morale ; que ce fait qui aurait
pu avoir une véritable importance juridique n'est donc
pas aux débats ;

« Attendu que s'il est possible et même vraisemblable
que plusieurs d'entre eux soient devenus auxiliaires dans
l'espoir légitime de devenir plus tard sociétaires ; s'il
est possible que des promesses aient été faites à certains
pour leur faire prendre patience, ces faits, si démontrés
qu'ils fussent, ne changeraient rien à la nature des contrats qu'ils sont signés et à la condition qu'ils ont acceptée;

« Attendu, au surplus, que les auxiliaires ont été depuis
1834 jusqu'à ce jour, soigneusement distingués des sociétaires, qu'ils ont touché des salaires différents ; que les
sociétaires seuls ont été convoqués aux assemblées sta-

Cette convention est claire, précise, et ne laisse place à aucune difficulté d'interprétation.

Est-elle viciée par le dol ? Non, dit le jugement; on n'offre en effet de prouver aucune manœuvre dolosive dont on aurait été victime. Sans doute, il est possible et vraisemblable que les auxiliaires ont eu l'espoir de parvenir au sociétariat, et que des promesses ont été faites à certains « pour leur faire prendre patience »,

---

tutaires et y ont pris part ; qu'enfin les ouvriers se sont mis en grève et ont obtenu, en septembre 1900, à la suite de cette grève aux augmentation de salaires ; que le fait de se mettre en grève révèle chez les demandeurs la qua-lité acceptée d'ouvriers, et est incompatible avec celle de sociétaires ;

« Qu'il faut donc reconnaître non seulement que les auxiliaires ont pris librement un engagement et signé un contrat qui les lie, mais encore qu'ils l'ont librement exé-cuté en pleine connaissance de cause ;

« Attendu que, dans ces conditions, les prétentions des auxiliaires de la Société de la Mine aux Mineurs sont contrai.es aux engagements qu'ils ont pris et à la signa-ture qu'ils ont donnée ;

« Que, par suite, l'exception qui leur est opposée est bien fondée et rend bien leur demande irrecevable ;

« Qu'il faut dire et juger que n'étant pas sociétaires, ils n'ont pas à intervenir dans le règlement des affaires sociales et à contester la validité des assemblées et des statuts ;

« Par ces motifs,

« Le Tribunal les déclare non recevables en leurs fins, demandes et conclusions ;

« Dit que les auxiliaires de la Société de Monthieux sont de simples ouvriers et non des sociétaires ;

« Dit, par suite, bien fondée l'exception qui leur est opposée par la Société défenderesse ;

« Les condamne aux dépens. »

mais « ces faits, si démontrés qu'ils fussent, ne changeraient rien à la nature des contrats signés par les
auxiliaires, et à la condition acceptée par eux ».

Au surplus et en fait, les auxiliaires, disent les juges
de Saint-Etienne, ont toujours été soigneusement distingués des sociétaires : ils n'ont pas touché les mêmes
salaires; ils n'ont pas été convoqués aux assemblées
statutaires et ils n'ont jamais protesté; enfin, ils se
sont mis en grève, ce qui implique bien l'acceptation
de la qualité d'ouvriers salariés.

Et le tribunal, accueillant l'exception préjudicielle
proposée par la société de Monthieux, déclarait les
demandeurs sans qualité pour agir, les déboutait de
leur demande, et les condamnait aux dépens.

§ III. — Discussion et critique de la solution intervenue

Ainsi les sociétaires obtenaient gain de cause, et,
plus heureux qu'en 1895, repoussaient victorieusement
l'attaque des auxiliaires.

La solution donnée au litige par le tribunal de Saint-
Etienne se justifie-t-elle en droit et en fait, et échappe-
t-elle à toute critique ? Nous ne le croyons pas, et nous
estimons au contraire qu'elle a indûment transformé
le caractère de l'entreprise de Monthieux.

Il importe tout d'abord d'insister sur un point que
nous avons effleuré plus haut, et de faire remarquer que la solution donnée au procès de 1901 se trou-

vait déjà renfermée en germe dans le jugement de
1895.

Il ouvrait en effet la porte de la bergerie, car, tout
en reconnaissant que les statuts primitifs sur le vu desquels les demandeurs avaient été embauchés, ne permettaient pas de priver des ouvriers quelconques, travaillant à la mine, de la qualité et des prérogatives de
« sociétaires », il laissait entendre qu'une *clause restrictive* imposée à l'embauche, eût pu modifier les conditions du litige et changer la solution à y apporter.
C'était donc reconnaître, implicitement tout au moins,
que les statuts de la Mine aux Mineurs ne faisaient
pas par eux-mêmes obstacle à l'admission de cette
clause restrictive, et que sous leur empire, il eût été
possible de s'assurer le service d'ouvriers auxiliaires,
ainsi préalablement prévenus.

Le jugement de 1901 semble bien s'être approprié
le raisonnement qui apparaissait derrière les termes de
celui de 1895. Il faut remarquer toutefois que le tribunal, hésitant à envisager le cas spécial des statuts de
Monthieux, est resté volontairement dans les généra-
lités, et a simplement affirmé « que la société de la Mine
aux Mineurs est régie par les dispositions de la loi du
24 juillet 1867; qu'elle trouve dans cette loi les principes de son organisation et les limites de ses pouvoirs;
et qu'il ne saurait être soutenu que sous l'empire de
cette loi, une société ouvrière de production ne peut
avoir recours à des auxiliaires salariés. »

Ces considérations, nous semble-t-il, étaient en
dehors de la question. Il ne s'agissait pas, en effet, de

savoir si juridiquement les dispositions de la loi de 1867 relatives aux sociétés coopératives interdisaient l'emploi d'ouvriers salariés; mais bien de savoir *si en fait les statuts de la Mine aux Mineurs, véritable pacte social, et expression directe de la volonté des fondateurs, permettaient l'embauche d'auxiliaires, alors surtout qu'une bonne partie des titres créés étaient sans titulaires.*

Placée sur ce terrain, qui, à notre sens, était le seul terrain logique de discussion, la question n'aurait pu recevoir la solution donnée par le Tribunal. Car il est bien manifeste qu'aucun doute ne pouvait subsister sur l'intention des fondateurs, et que l'esprit des statuts primitifs était formellement opposé à l'emploi d'auxiliaires salariés dans de pareilles conditions.

L'intention des fondateurs était bien de créer une entreprise collective, ouverte au plus grand nombre possible de travailleurs; entreprise essentiellement anti-patronale et destinée à prouver qu'une affaire peut croître et prospérer sans le régime du salariat. Tout ce que nous avons écrit sur les origines de la Mine aux Mineurs et l'historique de sa constitution, est là pour le prouver.

Le but des donateurs et souscripteurs des fonds qui permirent de créer la Mine était au surplus manifeste, et ne laissait place à aucun doute. La déclaration fournie aux auxiliaires par les anciens conseillers municipaux de Saint-Etienne, était suffisamment explicite; et l'on ne saurait, d'autre part, raisonnablement prétendre que les collectes faites parmi les mineurs à la sortie des puits étaient destinées à constituer, au béné-

fice de quelques privilégiés, une entreprise patronale.
On ne saurait prétendre davantage que l'importante
libéralité de M. Marinoni tendait uniquement à substituer à l'ancienne Compagnie capitaliste de Monthieux
un nouveau groupe d'employeurs. Ses intentions étaient
tout autres et avaient été clairement indiquées par son
mandataire, M. Judet, lorsqu'il vint remettre les 50.000
francs aux mineurs de Monthieux. Séduit, en homme
généreux, par l'idée de concourir à une expérience qui
pouvait être précieuse pour les sociologues, il se proposait de favoriser l'intitution « d'une sorte de commu-
nauté ouvrière où l'égalité dans l'effort correspondrait
à l'égalité dans larépartition, où l'on ferait quelque
chose de nouveau, d'heureux, de concluant. »

Enfin *les termes des statuts* eux-mêmes pouvaient-
ils laisser place à quelque hésitation sur ce point ?
N'était-il pas écrit dans l'article 1ᵉʳ que « ceux qui viendraient ultérieurement travailler à la mine, tant à l'extérieur qu'à l'intérieur » seraient sociétaires au même
titre que les premiers titulaires d'actions ? Est-ce que
l'article 5 ne disposait pas que les fondateurs de la
société, titulaires quant à présent de plusieurs actions,
« devraient les transférer au fur et à mesure que de
nouveaux ouvriers seraient embauchés, au nom de ces
nouveaux ouvriers ? » Enfin, l'article 43 n'était-il pas
encore plus explicite : « La part des bénéfices attribuée
aux actions suivant l'article 41, aura une destination
de bienfaisance motivée sur la part prise par le syndicat
des mineurs de la Loire à la réalisation des présentes, et
sur l'intention des fondateurs de la société qui en accep-

tant et sollicitant des sous-criptions n'ont pas entendu demander la fortune pour eux, mais simplement un instrument de travail devant profiter à tous, en vertu de la solidarité qui doit unir tous les mineurs » ?

Mais le jugement de 1901 semblait avoir mis un véritable parti-pris à négliger l'esprit du pacte social et l'intention des fondateurs. « Attendu, disait-il, que le le tribunal n'a pas à examiner cette question, encore moins à la juger, puisqu'elle ne lui est pas actuellement soumise ».

Se cantonnant volontairement dans l'examen de l'exception préjudicielle soulevée par les sociétaires, il n'envisagea que la clause restrictive imposée aux auxiliaires lors de leur embauche, comme si la validité de cette clause n'était pas intimement liée aux statuts, et comme si l'on pouvait apprécier l'une sans tenir compte de l'esprit des autres.

D'ailleurs, à prendre pour logique le raisonnement du tribunal de Saint-Etienne, et à ne considérer comme étant le nœud du procès que la convention d'embauche, le jugement de 1901 nous semble encore critiquable.

On ne saurait en effet perdre de vue : que la convention d'embauche imposée à la signature de tout nouvel arrivant n'était ni assez claire, ni assez précise pour que le signataire ait pu se rendre un compte exact de la valeur de l'engagement qu'il prenait. Il ne faut pas oublier en effet : que la plupart des auxiliaires étaient illettrés, les nombreuses croix apposées en guise de signatures sur les registres d'embauche en font foi; que, d'autre part, la croyance universelle des mineurs du bassin, était que la Mine aux Mineurs était bien la mine de *tous les travailleurs*; et que la formalité d'une signature apposée au bas d'un factum dont ils ne saisissaient pas très nettement le sens, ne pouvait détruire en eux cette conviction.

Leur consentement était donc bien vicié par une *erreur*.

Il était également vicié par le *dol*. Peut-on oublier en effet les agissements des sociétaires qui semblent bien avoir voulu sans cesse atermoyer et leurrer leurs collaborateurs salariés d'un vain espoir d'arriver un jour au sociétariat ? Au début, en effet, ils décident de ne pas faire d'actionnaires pour un délai de deux ans, parce que, disent-ils, la situation est mauvaise; à l'expiration de ce délai, ils renouvellent cette mesure sous le prétexte d'importants travaux de recherches à effectuer; ce n'est qu'après avoir longuement louvoyé qu'ils adoptent la rédaction de décembre 1900 qui, elle, a au moins le mérite d'une brutale franchise. Pourquoi cette attitude équivoque, sinon pour endormir la vigilance des auxiliaires ?

Le tribunal de Saint-Etienne fit bon marché de toutes ces considérations : « Attendu, dit-il simplement, que s'il est possible et même *vraisemblable* que plusieurs d'entre eux sont devenus auxiliaires dans l'espoir légitime de devenir sociétaires; s'il est possible que des *promesses* aient été faites à certains *pour leur faire prendre patience*, ces faits, si démontrés qu'ils fussent, ne changeraient rien à la nature des contrats qu'ils ont signés, et à la condition qu'ils ont acceptée. »

Ils nous semble, au contraire, qu'il y avait bien là des manœuvre dolosives, et que l'engagement ainsi pris par les auxiliaires ne pouvait avoir grande valeur.

Sur ce terrain encore, le jugement de 1901 ne nous paraît pas exempt de critiques, et nous persistons à penser que l'équité commandait une autre solution.

*\
**

Que conclure de tout cela sinon que le caractère de l'entreprise fut manifestement modifié après le procès des auxiliaires ? puisque, au mépris des statuts primitifs qui étaient l'expression de l'intention des fondateurs, on donnait ainsi l'investiture à un nombre restreint de sociétaires, et on sanctionnait leur mainmise sur une entreprise qui aurait dû rester le bien de tous ceux qui viendraient lui fournir leur travail ?

Les juges de Saint-Étienne entrevoyaient-ils la ruine de la société derrière l'application stricte des statuts ? C'est possible : et il se peut qu'en statuant différemment, ils auraient abrégé sensiblement l'existence de la Mine aux Mineurs. Nous n'en trouvons pas moins regrettable que leur décision ait ainsi dénaturé l'essence de l'institution et rendu dès lors sans intérêt une expérience économique sur laquelle on avait fondé tant d'espoirs.

CHAPITRE III

L'ENTREPRISE APRÈS LE PROCÈS DES AUXILIAIRES

L'histoire de la Mine aux Mineurs après le procès des auxiliaires ne présente plus grand intérêt au point de vue économique. Détournée de son but par l'obligation imposée aux nouveaux arrivants de signer la convention d'embauche, la Société était progressivement devenue une société capitaliste, et le jugement de 1901 avait définitivement consacré ce nouveau caractère, si différent de celui qu'avaient voulu lui imprimer les fondateurs de l'institution.

Il n'était plus question d'égalité dans l'effort devant engendrer l'égalité dans la répartition, et le beau rêve de travail associé remplaçant le travail salarié avait vécu. Un petit groupe d'employeurs s'était approprié la mine commune, et les auxiliaires n'étaient que des ouvriers à leur solde.

Cette transformation avait suscité des colères dans le monde des mineurs du bassin, et l'institution était

devenue la grande ennemie du syndicat qui l'avait
fondée.

Devançant la solution du procès, la chambre syndicale avait, le 4 mars 1901, assigné la Mine aux
Mineurs, prétextant que les dispositions des articles
41 et 43 des statuts n'avaient pas été appliquées.

Ces dispositions statutaires prévoyaient en effet la
répartition, aux mineurs malheureux du bassin, d'une
quote part représentant 12,5 % des bénéfices réalisés
par la Mine aux Mineurs; cette répartition devait être
faite par les soins du syndicat (1).

L'exeice 1899-1900 ayant fait apparaitre un bénéfice à distribuer de 22.165,05, l'assemblée générale
des sociétaires avait voté la remise au syndicat pour
cette affectation, d'une somme de 2.770,63, représentant effectivement la quote-part prévue aux statuts.

Mais le syndicat prétendit alors que la société devait
justifier, par la production de ses comptes, de la stricte
application de l'article 41 des statuts; et il demandait la nomination d'un expert comptable chargé de
vérifier les livres, laissant entendre que les exercices
antérieurs s'étaient déjà soldés en bénéfices, et qu'une
répartition aurait dû être faite aux mineurs malheureux.

Ce fut la dernière attaque qu'eut à subir la Mine aux
Mineurs de la part des ouvriers du bassin. Elle ne fut
du reste pas poussée jusqu'au bout, et le jour de l'au-

---

(1) V. supra, chapitre II, 2e partie.

dience, la chambre syndicale fit déclarer à la barre qu'elle se désistait de sa demande.

Ce procès inachevé fut cependant un signe frappant de l'impopularité de la Mine aux Mineurs. Les sociétaires s'émurent de voir l'opinion se retourner contre eux; et ils semblèrent, après le procès des auxiliaires, vouloir prouver qu'ils n'étaient pas les accapareurs et les mauvais patrons que l'on voulait bien dire. On trouve les traces de cet état d'esprit dans les délibérations des assemblées générales tenues après le jugement de 1901.

Le 27 octobre 1901, on proposa de voter des « récompenses, par augmentation de salaires, ou autrement » aux ouvriers auxiliaires employés à la mine, « en attendant, disait-on, de pouvoir leur distribuer des actions lorsqu'il s'en trouverait de libres ». On mit également à l'étude un système de participation aux bénéfices, et on nomma pour cela une commission de cinq sociétaires (1). Le projet ne reçut d'ailleurs aucune application effective.

Le 6 décembre 1902, on se décida enfin à créer de nouveaux sociétaires, pour faire cesser les commentaires malveillants qui se répandaient de plus en plus. Vingt-deux actions s'étant trouvées libres par le décès de deux sociétaires, on les répartit entre quinze nouveaux membres. Le compte rendu de l'assemblée explique « qu'il avait toujours été dans l'intention des socié-

---

(1) Registre des Délibérations des Ass. Gén., p. 163.

taires d'admettre de nouveaux membres, malgré les modifications aux statuts qui avaient suscité le formidable procès que la société avait dû soutenir et dans lequel les juges lui avaient donné entièrement raison »: et il était dit qu'en prenant la mesure proposée, « on ferait taire toutes les calomnies lancées contre nous, qui retomberaient ainsi sur leurs auteurs » (sic) (1).

Ces bonnes dispositions furent d'ailleurs sans lendemain; et lorsque, en 1905, le décès de sociétaires rendit libres d'autres actions, on repoussa la proposition de créer de nouveaux membres, et on décida de répartir les actions sans titulaires entre les divers sociétaires existants (2).

Le cénacle, momentanément ouvert, se refermait à nouveau !

D'ailleurs, la prospérité ne dura pas longtemps après le procès des auxiliaires. A partir de 1903, le déclin commença, et après une tentative de relèvement en 1902-1903, constamment les exercices se soldèrent en déficit.

Les difficultés croissantes d'exploitation, l'épuisement du gîte houiller, l'insuccès des travaux d'accès à de nouvelles couches, l'exagération des salaires et le ralentissement de la productivité individuelle entraînèrent rapidement la société sur la pente qui devait la conduire à la débâcle.

_____

(1) Registre des Délibérations des Ass. Gén., p. 174.
(2) Idem, p. 199.

Peu à peu elle s'endetta; les tréfonciers ne reçurent
plus leurs redevances, les superficiairs ne purent se
faire indemniser des dommages causés par l'exploitation, et les fournisseurs ne furent plus remboursés
du montant de leurs avances.

Avec les mauvais jours, l'indiscipline et l'anarchie
étaient revenues, et le Conseil d'administration n'avait
plus l'autorité nécessaire pour prendre des mesures
énergiques et arracher l'entreprise à l'ornière où elle
s'enlisait.

On fit argent de tout le matériel qu'on put vendre;
on employa hors de leur destination les retenues de
salaires faites aux ouvriers pour être versées aux caisses
de secours et de retraites; on empiéta même sur une
concession voisine, les Houillères de Saint-Etienne, pour
trouver le charbon que Monthieux ne donnait plus (1).

Bref, à la fin de l'année 1907, la situation paraissait désespérée. Pour les seules redevances aux tréfonciers, la société devait au 30 novembre 1907, la somme
de 131.819,75. Le 18 avril, elle était assignée en vali-
dation de saisies-arrêts, pour une somme de 20.000
francs.

Acculée à une impasse d'où elle se sentait incapa-
ble de sortir, la société abdiqua d'abord entre les mains
d'un créancier important, M. Limousin, marchand de
bois. Enfin, le 6 mai 1908, elle prit le parti de citer

_____

(1) Les empiétements dont nous parlons ont donné lieu
à un procès qui est encore pendant devant la Cour de
Lyon au moment où nous écrivons ces lignes.

en référé un certain nombre de ses plus gros créanciers pour voir nommer un administrateur séquestre. L'état de situation déposé alors faisait apparaître un déficit de 193.745 francs (1).

M. Bailly fut nommé séquestre par jugement du 14 mai suivant. Son administration dura jusqu'au 30 novembre : mais il fut impuissant à relever l'affaire, et le passif durant ce laps de temps s'augmenta d'une somme de 80.000 francs environ.

Voyant cela, un certain nombre de créanciers s'étaient décidés, le 30 octobre, à assigner la société en déclaration de faillite. Le tribunal de commerce fit attendre son jugement jusqu'au 5 décembre suivant. Entre temps, en effet, un nouveau Conseil d'administration de sociétaires avait succédé au séquestre et avait tenté, par des démarches nombreuses, d'obtenir des pouvoirs publics une subvention importante, qui permette à la Mine aux Mineurs de sortir de cette impasse et de se relever : elles demeurèrent sans résultat.

Enfin, le 5 décembre 1909, le tribunal de commerce opéra au bénéfice de la société une véritable tentative de sauvetage. On ne peut qualifier autrement, en effet, un jugement rendu contrairement à tous les principes juridiques, et à une jurisprudence formelle de la Cour de cassation. Admettant les conclusions de la Mine aux Mineurs, il décida en effet que, société minière, elle était une société civile non assujettie aux règles de la

_____

(1) Voir infra, 4ᵉ partie, chapitre II.

faillite, malgré qu'elle eût adopté la forme anonyme essentiellement commerciale, et qu'elle eût déclaré dans ses statuts que son objet était non seulement l'extraction et la vente de la houille, mais encore « la fabrication des cokes et agglomérés et toutes *opérations commerciales* et industrielles se rattachant à la houille » (1).

---

(1) Voir Annexe n° 2, article 2 des statuts.

Le jugement du Tribunal de commerce de Saint-Etienne, en négligeant la forme juridique adoptée et en ne considérant que l'objet de la Société, a certainement méconnu les principes juridiques admis en la matière.

Si, comme nous l'avons dit plus haut, l'on a pu discuter, sous l'empire de la loi de 1810 et de la loi de 1807 sur les Sociétés, le caractère commercial ou civil d'une Société minière, la question en tout cas ne se pose plus depuis la loi du 1er août 1893. C'est ce que dit fort bien M. Thaller (Traité de Droit commercial, édition 1904, n° 19, § 2 et 3) : « On doit aujourd'hui statuer différemment à l'égard des exploitations qui, depuis la mise en vigueur de la loi de 1893, se sont constituées sous la forme de sociétés par actions. Beaucoup d'entreprises minières affectent cette forme ; l'exploitation des mines a besoin du même crédit et emploie les mêmes procédés d'affaires que les manufactures. De là, la réforme de la dernière époque : on sait en effet que toutes les sociétés nouvelles, en commandite et anonymes, *quel que soit leur objet, sont considérées par la loi comme étant des sociétés commerciales.* »

La jurisprudence de la Cour de cassation a consacré cette théorie (Voir supra, chapitre II, 2e partie). Un arrêt du 17 juin 1907 a notamment décidé qu'une société à objet civil, mais à forme commerciale, qui contracte un emprunt pour les besoins de ses opérations, jouit de la liberté que donne au commerce la loi de 1886 quant au taux de l'intérêt.

V. Jugement du Tribunal de comm. de Saint-Etienne à la Gazette du Palais, 1909, 1re partie, page 190, et Journal des faillites, 1909, art. 1744, p. 188.

La Cour de Lyon saisie d'un appel des demandeurs, n'alla cependant pas jusqu'à consacrer une pareille théorie juridique, mais elle jugea que la créance des appelants n'était ni liquide, ni exigible, et qu'au surplus ils ne rapportaient pas la preuve de l'état de cessation de paiements.

La mort de la Mine aux Mineurs ne fut que différée : le 30 mars 1909, la société déposait elle-même son bilan et sollicitait une mise en liquidation judiciaire que le tribunal de commerce, se déjugeant sur la question de commercialité, n'hésita pas à lui accorder.

La liquidation judiciaire n'est pas encore terminée, mais il est à croire que les créanciers recevront un dividende dérisoire.

Ainsi sombra cette entreprise saluée à son apparition par l'enthousiasme de tant de mineurs. C'est la triste fin d'un beau rêve, et l'on ne peut s'empêcher de remarquer combien était plus clairvoyant le scepticisme du préfet Lépine, que la généreuse mais aveugle ardeur du député Basly, lorsque l'un et l'autre adressaient leur salut à l'entreprise naissante !

QUATRIÈME PARTIE

Les Résultats

———

La Mine aux Mineurs de Monthieux devait être un vaste champ d'expériences, dans lequel seraient mises à l'épreuve les principales revendications des travailleurs des mines.

Nous allons donc examiner l'entreprise soit au point de vue du *travail*, soit au point de vue de *l'administration technique et financière*, soit au point de vue des *institutions de prévoyance et d'assistance*.

Nous joindrons à l'exposé des conditions du travail et de son organisation, un aperçu sur le régime des Compagnies capitalistes du bassin de la Loire, afin que par une comparaison instructive, on ait une juste idée du rôle joué par l'entreprise de Monthieux et du progrès qu'elle a pu constituer.

———

CHAPÍTRE PREMIER

———

LE TRAVAIL (1)

§ 1. — L'ORGANISATION DU TRAVAIL.

L'organisation du travail dans les mines est chose
complexe et difficile à raison de la diversité des tâches
exigées et des nombreuses catégories d'ouvriers qui
sont par suite employées. Là, plus que partout ailleurs
peut-être, la division du travail est nécessaire pour assurer une production régulière; aussi est-elle pratiquée
sur une grande échelle dans ce genre d'industrie.

———

(1) Les renseignements qui nous ont permis d'écrire
ce chapitre nous ont été fournis par :

a) Le Registre de Délibérations des Assemblées Générales ;

b) Les communications verbales de M. Jourjon, comptable de la Mine aux Mineurs, et surtout de M. Roche,
ingénieur aux Mines de la Loire, qui fut pendant quatre
ans ingénieur à Monthieux.

Pour bien comprendre le fonctionnement des divers
rouages qui concourent à la production minière, il faut
se faire une idée générale de ce qu'est une exploitation,
et des conditions dans lesquelles se pratique l'extraction
de la houille.

On peut accéder au gisement par deux procédés :
soit par *fendue*, soit par *puits vertical*.

La *fendue* est le mode d'exploitation le plus rudimentaire. Il consiste à s'enfoncer dans la terre par
plans inclinés, en suivant la couche de charbon: on
creuse donc dans le sol des galeries dont le niveau
s'abaisse progressivement, en pente douce. L'extraction
ainsi effectuée est plus économique que l'extraction par
puits vertical. Elle ne nécessite en effet aucun matériel
spécial d'extraction (cage de descente, guidage, etc.).
Il suffit d'un treuil actionné par une machine à vapeur
de puissance relativement faible. D'autre part, n'ayant
ainsi aucun personnel à descendre, on peut employer
un câble de grosseur bien moindre que dans un puits
vertical, ce qui réalise une sérieuse économie. Mais
elle n'est possible que pour exploiter des affleurements
ou des couches peu profondes.

Lorsqu'on se trouve en présence de gîtes plus profonds, on procède à l'aide de *puits verticaux*. On s'enfonce alors perpendiculairement dans le sol jusqu'au niveau de la couche à exploiter. Le point où l'on s'arrête
dans la descente s'appelle *recette*; de là part tout un ré-
seau de galeries souterraines qui accèdent aux divers
chantiers. Il se peut que les couches à exploiter soient à
des niveaux sensiblement différents: il y a alors plusieurs

recettes dans le puits, donnant accès à divers étages de galeries superposées. Il ne faudrait pas croire que toutes ces galeries soient elles-mêmes sur des plans rigoureusement horizontaux : les couches ne sont pas en effet forcément horizontales, elles s'abaissent ou s'élèvent dans le sol : de là, la nécessité pour les galeries de monter ou de descendre afin d'aller attaquer le gisement à ses différents niveaux. Parfois, la descente est brusque : la galerie s'enfonce alors subitement et prend le nom de *plan* (ou plan incliné) ; un dispositif spécial, appelé « poulie à frein » permet alors le roulage des bennes que ne pourraient pas assurer les hommes ou les chevaux à raison de la pente. Toutes ces *galeries* ou *plans* sont pourvus de voies ferrées pour le roulage du charbon depuis le chantier jusqu'à la recette du puits.

Enfin, pour parer aux affaissements de terrain et aux éboulements, il faut consolider le « toit » de la mine et les parois de la galerie par un boisage.

.*.

Cette description grossière d'une exploitation de mine donne une idée du nombre d'ouvriers qu'elle nécessite et de la diversité des aptitudes qu'elle exige. Elle va aider à comprendre l'organisation du travail dans les mines.

Si nous prenons le charbon au chantier d'extraction pour le suivre jusqu'à l'orifice du puits, voici quelles diverses catégories d'ouvriers nous trouvons *au fonds* de la mine,

A. *Travaux de préparation.* — Avant de rencontrer la couche de charbon, il faut parfois non pas seulement enlever du terrain, mais encore traverser des masses de rocher. C'est le « *mineur* », proprement dit, qui effectue ce travail, soit à l'aide d'outils à main, soit à l'aide de foreuses actionnées par une machine pneumatique.

B. *Enlèvement du charbon.* — 1° Le *piqueur* abat le charbon, avec le pic de mine ; à mesure qu'il avance, il boise sa galerie.

2° Derrière lui, le *rejeteur* ou *glisseur* rejette à la pelle le charbon abattu, jusqu'au voisinage du rouleur.

3° Le *rouleur* charge le charbon dans la benne, et roule cette dernière, à bras, jusqu'au point où se forme le convoi.

4° Le *remblayeur* vient ensuite combler à l'aide de remblais, les vides pratiqués autour de la galerie par l'abatage du charbon (on l'appelle aussi dans le bassin de la Loire «démarrineur », du mot « marrin » qui signifie remblais).

5° Le *murailleur* construit les murs destinés à retenir le remblai.

C. *Roulage.* — Les bennes, une fois remplies, sont formées en convois qui roulent sur des rails.

1° Le *toucheur* est l'ouvrier chargé de la conduite des chevaux qui tirent les convois.

2° L'*embrancheur* place les bennes sur les voies en pente dans les galeries inclinées ou dans les « plans ».

3° Le *freinteur* est l'ouvrier préposé à la manœuvre de la poulie à frein des « plans ».

D. *Extraction* proprement dite. Elle est assurée par :
1° *l'enchaineur* qui, posté à la recette intérieure du puits
dispose les bennes pleines dans la cage de remontée.

2° Le *receveur;* c'est le premier ouvrier du « jour »
que rencontre le charbon : il enlève de la cage les bennes
pleines et les remplace par des vides.

E. *Travaux d'entretien.* — Les galeries de mine
demandent un entretien continuel. Il est assuré par :

1° Les *boiseurs*, qui élèvent ou élargissent les galeries suivant les besoins de l'exploitation, ou qui conso-
lident et remplacent les boisages lorsque la sécurité
l'exige.

2° Les *maçons*, qui bâtissent des voûtes lorsqu'un
simple boisage serait insuffisant pour supporter le toit
de la mine.

3° Les *cantonniers* qui veillent à la pose et à l'entretien des voies ferrées.

Tels sont (sauf le receveur) les principaux ouvriers
du *fond*. Nous avons négligé de parler de certains
ouvriers d'ordre secondaire, tels que le *boute-feu* qui
fait partir les coups de mine, le *lampiste* ou porteur
de feu, qui porte les lampes éteintes accidentellement
au poste de rallumage, le *palefrenier*, qui garde et
entretient les écuries à chevaux (1)..., etc.

—————————

(1) Les chevaux, en effet, ne sortent jamais de la mine :
ils sont pansés et gités au « fond ». Ils acquièrent vite
l'habitude des galeries ; ils baissent la tête lorsque le
toit est près du sol, et se tournent avec une merveilleuse
aisance dans les galeries souvent fort étroites. A raison
de l'obscurité continuelle dans laquelle ils vivent, ils de-
viennent presque tous aveugles.

En outre de ces ouvriers du fond, il existe toute une série d'ouvriers employés au *jour* (sur le *plâtre* » de la mine).

On les désigne communément sous l'appellation de « *manœuvres* ». Ils effectuent en effet un travail de manœuvre qui ne demande pas d'aptitudes spéciales, tels que remplissage de bennes de remblais, chargements des wagons..., etc.

Il y a cependant au jour, en outre des manœuvres, toute une catégorie spéciale d'ouvriers qualifiés, tels que mécaniciens, chauffeurs, machinistes, préposés spécialement à la direction et à l'entretien des machines à vapeur et des ventilateurs.

⁂

Tous ces détails donnés, voyons maintenant comment le travail est organisé dans les Compagnies houillères du bassin de la Loire.

1° Au sommet de la hiérarchie se trouvent les *ingénieurs.*

Il y a généralement dans toute Compagnie un *ingénieur principal.* Il a la direction technique de toute l'exploitation (1).

_____

(1) C'est généralement l'ingénieur principal qui est responsable de l'exploitation et de l'application des règlements envers l'autorité administrative. Il doit être nommé par arrêté préfectoral, après avis du service du contrôle des mines, sur présentation de la Compagnie.

Parfois cependant, c'est le *directeur* (s'il a le grade

Au-dessous de lui, les *ingénieurs divisionnaires*, ont la surveillance et la direction technique d'une « division ».

Il y a en outre, un ou plusieurs *ingénieurs ordinaires* par division. Outre leurs attributions concernant l'exploitation technique (propositions de travaux à effectuer, etc.), ils ont un rôle prépondérant dans la surveillance et la direction des ouvriers. Ce sont eux qui reçoivent les demandes d'embauche, qui les accueillent ou qui les refusent; lorsque le besoin s'en fait sentir, ils appliquent les pénalités : ordinairement des « mises à pied » dont la durée est variable, mais jamais très longue; ou alors, des renvois définitifs. Ils ont la haute main sur la distribution des chantiers entre les divers ouvriers. Tous les jours ils descendent à la mine, soit pour se rendre compte de l'état des travaux entrepris, soit pour veiller aux mesures à prendre en vue d'assurer la sécurité du travail.

Tous les jours ils reçoivent les rapports des gouverneurs et des sous-gouverneurs, et font des observations sur la production des chantiers et les divers points de détail de l'exécution du travail.

2° Au-dessous des ingénieurs, nous trouvons les « *gouverneurs* » et les « *sous-gouverneurs* ».

Le gouverneur a la surveillance d'une « contrée »;

d'ingénieur) qui est agréé par l'Administration et responsable envers elle. Il en est ainsi notamment à la Compagnie des mines de la Loire, et à la Compagnie des Houillères de Saint-Étienne.

il a sous ses ordres un ou deux sous-gouverneurs (ordinairement un sous-gouverneur de jour et un sous-gouverneur de nuit). C'est le « porion » des mines du Nord,
le « maître mineur » du Centre et du Midi; il se rap-
proche de l' « owerman » des mines anglaises.

Son rôle, sans avoir l'ampleur de celui de l'owerman anglais (qui embauche les ouvriers), est néanmoins
fort important. Il est en effet l'auxiliaire direct de l'ingénieur dans la surveillance et la direction des travaux.

À lui incombe en effet l'organisation immédiate des
divers chantiers qu'il a sous sa surveillance. Il faut qu'il
ait une grande expérience des choses de la mine; il
dispose ses piqueurs, ses boiseurs, ses mineurs, à telle
ou telle place suivant leurs aptitudes et la nature des
travaux à effectuer. Il veille à ce que le minimum de
production imposé au piqueur, la « poque », soit assuré.
Il examine également en détails si les règlements concernant la sécurité sont observés; il prescrit les réparations urgentes et rend compte à l'ingénieur de celles
plus importantes à effectuer. Bref, sa mission est de
parcourir tous les chantiers placés sous sa surveillance:
c'est le contre-maître du « fonds ».

Le « contrôleur » est le contre-maître du « jour ».
Il surveille tous les ouvriers de la surface, manœuvres,
mécaniciens, chauffeurs, basculeurs..., etc..., etc...

3° Viennent enfin, les diverses catégories d'ouvriers
que nous avons déjà énumérées, et dont nous avons précisé les attributions.

*
**

A la Mine aux Mineurs de Monthieux, l'organisation du travail était sensiblement la même.

1° *Les ingénieurs.* — Les rouages supérieurs étaient toutefois notablement simplifiés. Ici, pas d'état-major de techniciens, dont les fondateurs de la mine prétendaient pouvoir se passer (1), mais, au début de l'entreprise tout au moins, un *seul ingénieur*, choisi par le Conseil d'administration.

Dans ses rapports avec la société, l'ingénieur était un simple employé, lié par un contrat de louage, recevant un appointement mensuel (2), et des services duquel on pouvait se passer après observation d'un délai-congé de trois mois (3).

Quelles furent exactement les fonctions de l'ingénieur ?

En principe, il était le subordonné du Conseil d'administration (art. 10 du règlement disciplinaire).

_____

(1) Voir supra : Livre II, chap. Ier.

(2) Voir art. 1er du Règlement disciplinaire de 1893. — Les appointements de l'ingénieur ont varié de 250 fr. à 600 fr. par mois.

(3) Voici les noms des divers ingénieurs qui se sont succédé à la Mine aux Mineurs de Monthieux :

MM. Payen ;
    Aroud ;
    Martin ;
    Lapierre et Jaboulay ;
    Jaboulay et Roche ;
    Roche et Mandon ;
    Guyard et Mandon ;
    Vermorel :
    Péronnet.

Il ne jouissait pas du droit d'embauche. Évidemment, il ne pouvait être question d'embauche pour les sociétaires, mais les auxiliaires eux-mêmes étaient directement engagés par le Conseil d'administration à qui ils adressaient leurs demandes.

Il avait néanmoins une part importante dans la direction du travail, et l'article 9 du règlement disciplinaire le stipulait en ces termes : « Chaque surveillant devra exécuter strictement les ordres de l'ingénieur, et en plus, devra fournir à ce dernier un rapport sur le travail de chaque jour et le nombre d'hommes employés. L'ingénieur seul aura le droit de placer les surveillants qui seront pris dans la société ».

On lui reconnaissait donc le pouvoir d'organiser les chantiers à sa guise, et de surveiller la production des ouvriers.

Mais là où les pouvoirs de l'ingénieur se trouvaient singulièrement limités, c'était dans l'application des sanctions à prendre. Le droit de punir avait été en effet jalousement conservé par la société.

Il y eut à cet égard deux régimes différents institués l'un par le règlement disciplinaire de 1893, l'autre par le règlement de 1895.

Sous l'empire du règlement de 1893, on décida que tous différends qui s'élèveraient au sujet du travail entre chefs de poste, surveillants ou tous autres ouvriers, seraient soumis à une « *commission d'arbitrage* » nommée en assemblée générale des sociétaires (art. 3). La commission devait entendre les deux parties, puis se réunir avec le Conseil d'administration, et décider avec lui s'il y avait lieu d'appliquer les pénalités du règlement, ou de convoquer une assemblée pour trancher le différend. Pareillement, en cas de rébellion aux ordres des surveillants, ou d'absences injustifiées, la commission d'arbitrage se réunissait, et pouvait, d'accord avec le Conseil, infliger au délinquant un à trois jours de mise à pied, ou encore, si le manquement était grave, le déférer à l'assemblée générale.

Cette commission d'arbitrage, émanée du suffrage universel, devait être une garantie donnée aux sociétaires.

Mais on s'aperçut des inconvénients du système pour la bonne marche de l'entreprise, et le règlement de 1895 supprima ce rouage, et attribua ses pouvoirs au seul Conseil d'administration. Le nouvel article 4 décida que « la discipline étant une condition indispensable au bon fonctionnement de toute association, tout ouvrier qui provoquerait des actes de désordre ou de nature à porter atteinte à la Société, serait déféré au Conseil d'administration qui pourrait le suspendre jusqu'à la réunion d'une Assemblée générale ».

Le Conseil pouvait appliquer la même sanction pour le cas d'absence illégitime, de rébellion et d'outrages vis-à-vis de l'Administration, de l'ingénieur ou des chefs de services (1).

Comme on le voit, les pouvoirs de l'ingénieur étaient notablement restreints.

---

(1) Voir Annexes nos 3 et 4.

En fait, cependant, ils furent assez étendus. Le Conseil comprit vite la nécessité de lui laisser à ce point de vue une certaine initiative. Il signalait les manquements, et presque toujours le Conseil appliquait la sanction demandée. Lorsque l'usage des auxiliaires se fut généralisé, on reconnut même à l'ingénieur le droit de leur donner leur huitaine de sa seule autorité.

2° *Les Gouverneurs.* — Ils avaient, à la Mine aux Mineurs, le même rôle important de surveillance que dans toute autre Compagnie du bassin. Aux termes de l'article 9 précité du Règlement disciplinaire, ils devaient fournir chaque jour à l'ingénieur un rapport sur le travail des chantiers et le nombre d'hommes employés.

Les gouverneurs étaient tous des sociétaires (art. 9 du règlement). Ils ne pouvaient, en même temps, faire partie du Conseil d'administration, et étaient désignés par l'Assemblée générale.

Dans les premières années, ils étaient en quelque sorte doublés par une *Commission du travail*, composée de quatre sociétaires élus par l'Assemblée générale, et dont la mission était de surveiller, parallèlement aux gouverneurs, le travail des chantiers. On retrouve ici encore le souci de prévenir, par une sorte de système représentatif, les velléités d'autocratie des détenteurs d'une part quelconque d'autorité. Cette Commission ne fonctionna du reste jamais régulièrement.

Le rôle du gouverneur était un rôle ingrat, et le poste n'était pas envié. Il lui était, en effet, difficile d'exercer son autorité sur des ouvriers qui, sociétaires comme lui, avaient une tendance trop marquée à se considérer comme ses égaux. Les observations concernant l'insuffisance de production surtout étaient la plupart du temps mal accueillies, et souvent les sociétaires réprimandés répondaient au gouverneur en l'invitant à manier le pic (1).

La surveillance fut toutefois plus effective à l'égard des ouvriers auxiliaires qui n'avaient pas les mêmes raisons de discuter son autorité; et vis-à-vis d'eux, le gouverneur eut vraiment le même rôle et les mêmes pouvoirs que dans une Compagnie minière capitaliste.

3° *Les Ouvriers.* — La même division du travail existait à la Mine aux Mineurs, et nous y retrouvons les mêmes catégories d'ouvriers que dans les Compagnies.

Il faut cependant noter qu'en principe tous les sociétaires du fond étaient des piqueurs, sauf toutefois aux premiers débuts de la Société: le nombre des sociétaires étaient alors, en effet, assez considérable pour qu'il ait été nécessaire d'assigner à certains d'entre eux une tâche différente: quelques-uns furent donc employés au boisage.

---

(1) Dans le registre de délibérations des Assemblées générales, on trouve fréquemment traces des discussions qui s'élevèrent entre sociétaires et gouverneurs. C'est ainsi qu'à l'Assemblée du 17 avril 1904, une discussion pour fait de service s'éleva entre le gouverneur Odin et le sociétaire Dérail. « L'incident prit une telle impo.... .nce, dit le compte rendu, que malgré l'appel au calme, le bruit persista » et le président fut obligé de lever la séance.
V. Registre des Délibérations, p. 190.

Mais, dès la fin de 1895, la règle générale fut que tous les sociétaires, du fond tout au moins, seraient piqueurs. Les autres travaux, roulage, boisage, etc., furent alors réservés aux ouvriers auxiliaires.

Le nombre des ouvriers auxiliaires varia avec les époques et avec l'importance des travaux en cours. Mais de 1896 à 1907, on peut en évaluer le chiffre à deux cents environ. Après 1907, le nombre en fut restreint à mesure que l'entreprise déclina et que le travail se fit moins actif.

Le tableau suivant donne le nombre des ouvriers sociétaires depuis 1892 jusqu'en 1908 (1).

Juillet 1893	122	Décembre 1900	62
Décembre 1893	123	Juillet 1901	62
Juillet 1894	113	Décembre 1901	62
Décembre 1894	110	Juillet 1902	62
Juillet 1895	81	Décembre 1902	60
Décembre 1895	78	Juillet 1903	75
Juillet 1896	74	Décembre 1903	74
Juillet 1897	70	1904	74
Décembre 1897	68	Juillet 1905	73
Juillet 1898	68	Décembre 1905	70
Décembre 1898	67	1906	68
Juillet 1899	65	Juillet 1907	57
Décembre 1899	64	Mars 1908	78
Juillet 1900	63	Août 1908	46

(1) A partir d'août 1908, nous n'avons pu retrouver de traces du mouvement du personnel, et le registre des Assemblées générales se clôturant à cette date, nous avons pris, sur la feuille de présence, ce dernier chiffre de quarante-six membres sociétaires.

§ II. — LES CONDITIONS DU TRAVAIL.

A. — La durée de la journée de travail

Quel était le régime adopté en 1891 par les Compagnies de mines du bassin ?

Il n'existait à cette époque, dans la législation, aucune limitation à la durée du travail des adultes. Les prescriptions du décret-loi du 9 septembre 1848 n'avaient visé, en effet, que les « manufactures et usines »; elles n'étaient donc pas applicables aux mines.

Néanmoins, l'usage s'était introduit de limiter la durée de la journée par des conventions passées entre les directeurs des Compagnies et les délégués des ouvriers.

En 1891, il résultait de ces conventions que la durée de la journée était fixée en moyenne à 10 heures, aussi bien pour les ouvriers employés à l'abatage que pour les boiseurs, rouleurs et les manœuvres, soit du fond, soit de l'extérieur. Dans ces dix heures était comprise la montée et la descente, ainsi que le temps de repos destiné à permettre à l'ouvrier de prendre son repas; soit un repos de trois quarts d'heure.

Bien entendu, la loi du 2 novembre 1892, et le décret du 3 mai 1893, réglementant la durée du travail des femmes et des enfants, reçurent application. Les femmes purent travailler qu'au « jour », et pendant une durée maxima de 10 heures. Quant aux enfants mineurs de 16 ans, ils ne furent en fait jamais admis à l'intérieur de la mine; les garçons de 16 à 18 ans eurent accès au contraire aux chantiers souterrains; leur journée ne dépassait pas dix heures, tout comme celle des ouvriers adultes, et ils effectuaient un travail de manœuvres. Ils pouvaient cependant travailler comme apprentis dans les chantiers d'abatage, de boisage ou de forage, mais pour une durée maxima de cinq heures par jour.

La loi des 29 juin-2 juillet 1905 vint modifier les conditions de durée du travail pour les ouvriers du fond occupés à l'abatage, c'est-à-dire les piqueurs et les mineurs. Conformément à la loi, la journée fut donc réduite à 9 heures à partir du 1ᵉʳ janvier 1906, puis à 8 heures ½ à partir du 1ᵉʳ janvier 1908. Mais, suivant l'article 2 de la loi, le temps du repas ne fut pas compris dans cette durée.

En fait, cependant, on laissa aux ouvriers visés par la loi de 1905 la possibilité de faire des heures supplémentaires, lorsqu'ils le désireraient.

Tous les autres ouvriers du fond (rouleurs, boiseurs) ou du jour, demeurèrent régis quant à la durée du travail par les conventions passées entre les exploitants et les délégués ouvriers.

*
* *

A la Mine aux Mineurs de Montbieux, on appliqua, dès le début, les trois huit socialistes. La durée de la journée fut fixée à huit heures, y compris le temps du repas qu'on évalua à une demi-heure : la journée effective fut donc de sept heures et demie.

L'article 6 du règlement disciplinaire de 1893 dis-

posa en effet : « En principe, tous les sociétaires travaillant à l'intérieur feront un travail effectif de huit
heures au moins, la demi-heure de repas comprise. En
aucun cas, la journée ne pourra être supérieure à
9 heures non compris la descente et la montée ».

Cette mesure prise au début, à l'égard des sociétaires, fut également appliquée aux auxiliaires lorsque
la société en embaucha. Le règlement disciplinaire
de 1895, ne parla plus de « sociétaires », mais « d'ouvriers travaillant à l'intérieur ».

On organisa donc le travail à trois postes de huit
heures chacun : un poste d'abatage, de 6 heures du matin à 2 heures du soir : un poste de remblayage, de
2 heures à 10 heures du soir ; un poste de réparations,
de 10 heures du soir à 6 heures du matin.

En fait, la journée ne dépassa pas huit heures, et
l'on n'usa pas de la faculté de la porter à neuf heures.
Il faut cependant signaler qu'en 1900, les demandes de
charbon se faisant de plus en plus fréquentes, et le
prix du combustible ayant sensiblement augmenté, les
sociétaires, pour profiter des conditions exceptionnelles
du marché charbonnier, décidèrent, d'un commun accord, de faire deux heures de plus de travail par jour.
Ce régime exceptionnel dura d'ailleurs peu de temps,
et l'on peut dire que d'une façon générale la journée
n'excéda pas huit heures à la Mine aux Mineurs.

B. — Les Salaires

Dans les Compagnies du bassin houiller de la
Loire, le système adopté pour la rémunération du tra-

vail est assez complexe. Nous allons brièvement l'exposer.

En règle générale, les ouvriers des mines sont tous payés à la journée, sauf les gouverneurs, les sous-gouverneurs et contrôleurs qui sont payés au mois.

Etudions plus spécialement les salaires des *ouvriers* proprement dits.

1° *Le salaire proprement dit.* — Il est établi de façons différentes suivant qu'il s'agit de telle ou telle catégorie d'ouvriers.

a) Les ouvriers occupés aux travaux de roulage (toucheurs, embrancheurs, freinteurs), d'extraction (enchaîneurs, receveurs), les remblayeurs, les rejeteurs, les cantonniers et tous les manœuvres, soit du fond, soit du jour, sont payés à la journée. Le taux du salaire est alors uniformément fixé par des conventions passées entre exploitants et délégués ouvriers. Ces conventions sont faites pour des durées déterminées, et peuvent bien entendu être renouvelées.

b) Lese piqueurs sont en principe payés à la tâche. Ils reçoivent tant par bennes de charbon. Chaque benne qui sort du chantier du piqueur porte une fiche; les fiches sont pointées par le receveur à l'arrivée au jour, et l'on sait ainsi le nombre exact des bennes extraites par le piqueur. Le prix de la benne de charbon est fixé par l'ingénieur : il varie suivant la dureté du charbon à extraire, et les difficultés spéciales à chaque chantier (de 0 fr. 30 à 1 franc, chiffres extrêmes). Le salaire du piqueur serait ainsi essentiellement variable, si les conventions de salaire n'avaient pris soin de stipuler un chiffre minimum pour la journée de travail (cinq francs en moyenne pour ces dernières années). On voit donc que la rémunération du piqueur présente en définitive un caractère mixte.

c) Les mineurs sont payés d'une façon analogue. Ils reçoivent tant par mètre d'avancement ; le prix du mètre est pareillement fixé par l'ingénieur suivant les difficultés d'exploitation (10 francs à 120 francs, chiffres extrêmes) mais il est stipulé pour eux comme pour les piqueurs un salaire minimum par journée de travail effectuée.

d) Les boiseurs et les maçons sont également payés au mètre d'avancement, et suivant les cas, à la benne de charbon. Il peut se faire, en effet, que la galerie qu'il s'agit de mettre en état, se soit affaissée par suite d'éboulement de charbon; ils doivent donc, avant de construire le boisage ou la maçonnerie, déblayer la galerie et charger le charbon qui l'obstrue dans des bennes qui sont roulées jusqu'au jour; on leur tient compte alors des bennes extraites. La rémunération variée donc à l'infini, et est fixée par l'ingénieur suivant les cas spéciaux qui se présentent. Un salaire minimum de journée est également stipulé par les conventions.

e) Les rouleurs sont, en principe, payés à la journée. Néanmoins, l'usage a établi une tâche maxima de trente-six bennes. Les bennes roulées au jour, en outre de ce chiffre, leur sont alors comptées en sus de leur salaire.

2° *Les primes.* — En outre du salaire proprement dit (appelé « salaire de base » dans les conventions de salaires), les ouvriers mineurs touchent des primes,

Nous ne parlerons pas des « primes de travail » essentiellement temporaires, et accordées à titre exceptionnel
pour un travail difficile ou particulièrement pénible.

Mais il y a des primes régulières par leur existence, et variables seulement par leur quantum, qui sont
allouées par les Compagnies aux ouvriers, et qui viennent s'ajouter au salaire proprement dit. Elles sont alors
un véritable complément de salaire dont le taux varie
avec les circonstances : les bénéfices réalisés, ou la bonne
ou mauvaise tenue du marché charbonnier, par exemple.

Le montant de ces primes est différent pour le jour
et pour le fond.

Le quantum en est fixé par ces mêmes conventions
de salaires dont nous venons de parler. Elles sont
toujours passées pour une durée relativement brève
(deux à trois ans au maximum), étant donné que les
causes économiques, entrant en ligne de compte pour
la fixation de la prime, sont essentiellement variables.

Un exemple fera comprendre le fonctionnement des
primes.

En 1907, le salaire de base du boiseur était de
4 fr. 50, plus une prime. Par convention du 25 septembre 1908, on a fixé le montant de la prime à 0,10
pour la période s'étendant du 1er septembre 1909 au
1er septembre 1910.

Une récente convention du 22 septembre 1910, passée pour une durée de 3 ans, vient de modifier encore
la rémunération. Une partie de la prime, 0,15 pour
l'intérieur, 0,10 pour l'extérieur est incorporée à titre
permanent au salaire de base. En outre, on stipule une

prime de 0,25 pour l'intérieur, et de 0.15 pour l'extérieur, pour la période s'étendant du 1ᵉʳ septembre 1910 au 1ᵉʳ septembre 1912. Du 1ᵉʳ septembre 1912 au 1ᵉʳ septembre 1913, ces primes, non incorporées, seront respectivement augmentées de 0.05.

Le rouleur touche donc à l'heure actuelle (décembre 1910) *un salaire de base* de 4,65 (y compris la prime incorporée, et une *prime* de 0,25.

Disons, enfin, pour terminer cet exposé, qu'il peut se présenter une autre combinaison : c'est l'entreprise ou « marchandage » (1).

Dans cette hypothèse, on donne à un tâcheron l'entreprise d'un chantier d'extraction, jamais d'ailleurs très considérable. Les ouvriers de l'équipe sont néanmoins embauchés par l'ingénieur de la mine, ordinairement sur la présentation du tâcheron, et ils sont liés à la Compagnie par un véritable louage de services (2).

_____

(1) Nous ne parlons pas ici de la *grosse entreprise*, donnée par la Compagnie pour un travail important, tel que le fonçage d'un puits, à un entrepreneur déterminé. Dans ce cas, en effet, les ouvriers sont embauchés et payés par l'entrepreneur qui est leur seul et véritable patron, et auquel ils sont liés par un véritable contrat de louage de services. L'ingénieur de la Compagnie ne s'occupe alors que de la qualité du travail et des mesures de sécurité, car il reste encore responsable des accidents devant l'Administration ; à ce point de vue, en effet, les règlements disposent qu'il ne peut y avoir par concession qu'un directeur responsable des travaux, désigné par arrêté préfectoral.

(2) Au cas d'accident, c'est la Compagnie qui est responsable, et qui paie les rentes prévues par la loi de 1898.

Ces entreprises sont en général résiliables de quinzaine en quinzaine, et l'ingénieur se réserve toujours le droit de les diriger à son gré.

Comment s'opère alors la rémunération du travail ?

C'est en définitive, le tâcheron qui paie les ouvriers, mais la Compagnie reste tenue d'assurer à chacun le salaire minimum prévu par les conventions générales de salaires. Un contrôle efficace est donc exercé par elle sur l'entreprise. L'article 9 de la convention du 25 septembre 1908 déclarait : « Les Compagnies qui emploient des entrepreneurs ou tâcherons, devront exercer un contrôle sur eux, et fixer les salaires qu'ils paieront à leurs ouvriers ».

Quant aux bénéfices de l'entreprise, aucun traité passé entre le tâcheron et les ouvriers n'en fixe généralement la répartition. Mais en fait, le tâcheron, dans l'intérêt même de son travail, cherche à contenter ses ouvriers, et l'ingénieur, de son côté, use de son influence et de son autorité pour assurer une répartition équitable.

*
**

Quel fut le système adopté à la Mine aux Mineurs de Monthieux ?

La Mine aux Mineurs, entreprise à tendances socialistes, se devait à elle-même d'appliquer le programme préconisé par les socialistes concernant la rémunération du travail.

La règle générale fut donc que le travail serait payé

à la journée, et non à la tâche. Le marchandage fut de même totalement proscrit.

On ne trouve, pendant toute la durée de l'existence de la Mine aux Mineurs, qu'un seul cas de rémunération à la tâche. En 1905, la société fit construire un travers-banc qui devait permettre l'exploitation de la huitième couche; ce travail ayant été reconnu très urgent, on décida, pour en activer l'achèvement, de payer tous les ouvriers à la tâche.

Hormis ce cas unique dans les annales de la Mine aux mineurs, le salaire à la journée fut le mode normal de rémunération adopté.

Quant à l'établissement du quantum des salaires, il faut faire une distinction entre les auxiliaires et les sociétaires.

1° *Les auxiliaires.* — Ceux qui furent embauchés avant le premier procès de 1895 furent payés sur les mêmes bases que les sociétaires. Une délibération prise à l'assemblée générale du 20 mai 1894 en décida ainsi (1).

Mais après le jugement de 1895, les auxiliaires furent considérés comme « employés suivant les usages admis entre patrons et ouvriers ». Le taux de leurs salaires fut alors réglé par le Conseil d'administration. Il varia avec les diverses catégories, le salaire des rouleurs était différent de celui des boiseurs, embrancheurs... etc., etc. Le régime adopté fut toutefois diffé-

---

(1) V. Registre des Délibérations des Ass. Gén., p. 36.

rent de celui des Compagnies du bassin, et la rémunération ne comporta pas la distinction entre le salaire
proprement dit et les primes. Il n'y eut qu'une somme
globale unique, constituant le *salaire*. Les taux furent
sensiblement les mêmes que ceux des Compagnies; on
constate toutefois une légère tendance à leur être supérieurs.

Malgré qu'en règle générale, ce fût le Conseil d'administration qui fixait le taux de la rémunération les
auxiliaires, l'assemblée générale s'en mêla parfois.
Dans les années de prospérité en effet, lorsque les sociétaires décidaient d'élever d'une façon générale le montant des salaires, ils votaient en même temps des augmentations pour les auxiligires. Ainsi, l'assemblée du
30 avril 1899 vota une majoration de 10 % pour « *tous
les ouvriers* » occupés depuis plus d'un an à la mine (1).
De même, l'assemblée du 8 avril 1900 décida que les
auxiliaires qui auraient au moins six mois de présence
à la mine, seraient augmentés de 0,25 (2).

2° *Les sociétaires.* — Le salaire des sociétaires fut
toujours fixé par l'assemblée générale. On retrouve en
effet, dans le Registre des délibérations, toute une série
de votes ayant pour but soit d'augmenter, soit de diminuer les salaires (3).

---

(1) V. Registre des Délibérations des Ass. Gén., p. 123.
(2) Idem, p. 139.
(3) V. Délibérations des : 15 août 1893 (Registre, p. 6) ;
20 août 1897 (p. 101) ; 18 septembre 1898 (p. 114) ; 8 avril
1900 (p. 139); 21 octobre 1900 (p. 115); 6 avril 1902 (p. 169), etc.

Pour le quantum des salaires des sociétaires, il faut faire une distinction entre les sociétaires pourvus d'une fonction, les sociétaires du fond et les sociétaires du jour.

a) Les sociétaires pourvus d'une fonction de surveillance au fond, tels que gouverneurs, sous-gouverneurs, reçurent le salaire du piqueur, augmenté d'une gratification. Cette gratification donna parfois lieu à des récriminations de la part des autres sociétaires, qui trouvaient que c'était là une violation du principe d'égalité entre tous les membres de la société, affirmé par l'article 10 du règlement disciplinaire.

Ainsi, à l'assemblée du 4 novembre 1894, le sociétaire Pérussel en proposa la suppression, arguant que dans une société comme la Mine aux Mineurs, toutes les fonctions devaient être gratuites. Il fallut que l'ingénieur, M. Aroud, use de son autorité pour combattre cette proposition, et fasse observer à l'assemblée « qu'il serait profondément injuste de supprimer cette indemnité aux gouverneurs, car ils ont des responsabilités importantes, ils sont obligés d'être à leur poste avant les ouvriers, et ils fournissent des heures supplémentaires pour venir au rapport journalier » (1).

La gratification était du reste peu importante, et ne représentait guère que 10 francs par mois environ.

Les sociétaires pourvus d'une fonction de surveillance au jour (contrôleurs) reçurent le salaire des sociétaires du jour, augmenté d'une faible prime.

_____

(1) Registre des Délibérations, p. 53.

Les sociétaires, membres du Conseil d'administration furent traités sur le même pied. En outre de leurs salaires, ils eurent une allocation mensuelle de 10 fr. (1).

La gratification des gouverneurs, contrôleurs et administrateurs fut supprimée par l'assemblée du 17 avril 1904, lorsque les affaires de la société commencèrent à péricliter (2).

b) Les sociétaires du fond, tous piqueurs, ainsi que nous l'avons dit plus haut, recevaient un salaire journalier fixé par l'assemblée générale.

Le taux n'en fut jamais inférieur à 5,50: il fut souvent supérieur. A cet égard, on peut diviser l'exploitation en trois périodes, qui donnent les chiffres suivants :

    De 1892 à 1899.........   de 5,50 à 6,00
    De 1899 à 1905.........   de 6,00 à 8,00
    De 1905 à 1908.........   de 5,50

Le taux de la rémunération du piqueur sociétaire fut donc notablement supérieur au taux moyen du salaire du piqueur dans les Compagnies du bassin, qui ne dépassa guère 6,25 à 6,50 dans les périodes de grande hausse. Il ne faut pas oublier au surplus que la

---

(1) En outre de leurs salaires, les administrateurs avaient, bien entendu, 5 % sur les bénéfices de la Société, conformément à l'art. 11 des statuts.

Il faut remarquer que le président du Conseil eut un traitement spécial. Il fut payé non à la journée, mais au mois. Les allocations des présidents varièrent : au début, ils reçurent 150 francs par mois, puis le taux atteignit jusqu'à 400 francs (en 1901 et 1902) pour redescendre ensuite à 200 francs.

(2) V. Registre des Délibérations des Ass. Gén., p. 190.

durée de la journée de travail étant moindre à Monthieux que partout ailleurs, le salaire du piqueur sociétaire rémunérait donc une somme de travail moindre
que celle des piqueurs du bassin.

c) Les sociétaires du jour; à la vérité, ils étaient
peu nombreux, la grande majorité des sociétaires étant
employée au fond de la mine. Il y avait cependant sur le
plâtre, quelques fonctions importantes, comme celles
de basculeur (préposé à la pesée des wagons de charbon), de contre-maître à la forge, de chauffeur, qui
étaient réservées à des sociétaires. Leur salaire était
inférieur de 1 franc au minimum à celui des sociétaires
piqueurs.

Il y eut du reste des protestations au sujet de cette
différence de traitement. Ainsi, l'assemblée générale du
8 avril 1900 qui vota une augmentation de salaire,
alloua 0.50 aux sociétaires de l'intérieur, et 0,25 seulement à ceux de l'extérieur: les intéressés protestèrent
et proposèrent l'unification de l'augmentation, allé-
guant qu'ils étaient sociétaires comme les autres et
qu'ils avaient les mêmes droits qu'eux. L'assemblée
rejeta leur proposition et maintint sa première délibération par 40 voix contre 19 (1).

La rémunération reçue par les sociétaires fut-elle
réellement et pour la totalité un salaire ? Nous ne le
croyons pas et elle ne répond pas à la définition qu'on
donne habituellement du « salaire », c'est-à-dire à la

_____

(1) Registre des Délibérations, p. 139.

rémunération du travail, actuelle et fixe, autrement dit, indépendante des résultats définitifs de l'entreprise.

Il faut observer, en effet, que les considérables augmentations que se votèrent les sociétaires coïncidaient toujours avec des périodes de prospérité. C'était en général après la lecture du bilan qui accusait des bénéfices, que les augmentations étaient décidées. D'autre part, lorsque la situation était embarrassée, ou lorsque la société exigeait des mises de fonds pour effectuer des travaux neufs, on votait des retenues sur les salaires. Le sociétaire recevait donc un salaire nominal déterminé, mais il ne touchait en réalité qu'une partie de la somme, et était porté créancier du surplus. C'est ce que les ouvriers de la Mine aux Mineurs appelaient « avoir des journées au bureau » (1).

Il nous semble donc que dans la rémunération reçue par le sociétaire il y avait en réalité deux parts : l'une représentait bien du travail fourni, et était réellement

_____

(1) La question des « journées au bureau » revint plus d'une fois dans les discussions de l'Assemblée générale. V. notamment : Assemblée du 29 août 1897 (p. 101 du Registre). — La délibération prise à l'Assemblée générale du 6 avril 1902 est, à cet égard, très significative.
décida que, vu l'urgence des travaux neufs à effectuer, et la situation précaire de la Société il serait opéré une retenue mensuelle de vingt-cinq francs sur le salaire des sociétaires. Et on stipula que « cet argent serait porté sur un compte à part pour mémoire, et ne serait remboursable que lorsque le Conseil d'administration, jugeant la situation financière suffisamment fortifiée, proposerait à l'Assemblée générale le remboursement partiel ou total aux actionnaires ou à leurs ayants-droit. »
(V. Registre des Délibérations des Ass. Gén., p. 169).

du salaire; l'autre était au contraire du dividende d'actionnaire, lié aux résultats de l'entreprise, mais payé improprement sous forme de salaire.

*
* *

Pour terminer, nous donnons le tableau suivant qui porte le chiffre global des salaires payés à Monthieux par semestre, à tous les ouvriers de l'entreprise.

SALAIRES PAYÉS A MONTHIEUX

Année	Sem.	Montant	Année	Sem.	Montant
1892	1er sem.	99.212	1900	1er sem.	181.997
	2e sem.	114.299		2e sem.	275.112
1893	1er sem.	89.324	1901	1er sem.	260.664
	2e sem.	104.859		2e sem.	254.737
1894	1er sem.	100.626	1902	1er sem.	248.601
	2e sem.	138.302		2e sem.	198.415
1895	1er sem.	82.329	1903	1er sem.	227.758
	2e sem.	96.649		2e sem.	252.287
1896	1er sem.	93.421	1904		manque
	2e sem.	102.669			
1897	1er sem.	99.594	1905	1er sem.	166.901
	2e sem.	116.917		2e sem.	manque
1898	1er sem.	116.835	1906	1er sem.	187.662
	2e sem.	137.155		2e sem.	186.595
1899	1er sem.	129.696	1907	1er sem.	169.709
	2e sem.	152.254		2e sem.	163.823

N.-B. — Nous avons relevé ces chiffres pour la période 1892-1903 sur un graphique que nous avons retrouvé au cours de nos recherches ; pour la période 1905-1907, sur le Livre de décompte des frais d'exploitation, arrêté à fin décembre 1907.

CHAPITRE II

L'ADMINISTRATION TECHNIQUE ET FINANCIÈRE (1)

L'administration de la société fut confiée à un Conseil de neuf membres, dont l'organisation et les pouvoirs sont précisés dans le titre III des statuts.

Le Conseil d'administration fut successivement présidé par MM. Exbrayat, Thévenon, Prudhomme, Bouis, Gidon, Bouis, Thomas et Jourd. L'administration de M. Prudhomme dura du 8 septembre 1895 au 19 novembre 1905. C'est sous sa direction intelligente et énergique que la société put sortir des embarras de toute

(1) Nous avons puisé les documents de ce chapitre dans:
a) Le Registre de Délibérations des Assemblées Générales.
b) Certains rapports du commissaire de surveillance.
c) Le Livre de Décompte des frais d'exploitation.
d) Les communications verbales de M. Jourjon, ex-comptable de la Société, qui a bien voulu guider nos recherches dans la comptabilité de Monthieux.
e) Les renseignements donnés par M. Roche, ingénieur,

nature qui l'assaillirent à ses débuts, et qu'elle connut des jours de prospérité.

Conformément aux statuts et à la loi de 1867, un ou plusieurs commissaires de surveillance étaient nommés par an; leur mandat était renouvelable. Aux termes de l'article 26 des statuts, ils se réunissaient dans les bureaux de la société toutes les fois qu'ils le jugeaient convenable; ils vérifiaient les livres; ils dressaient chaque semestre la situation active et passive de la société; ils présentaient chaque année un rapport à l'assemblée générale, et dressaient le bilan. Leur rôle fut particulièrement important à la Mine aux Mineurs, et ils furent d'un puissant secours aux administrateurs, tous ouvriers, peu au courant des affaires et de la comptabilité, et les conseils qu'ils adressaient à l'assemblée générale furent certainement très efficaces pour la bonne marche de la société.

Les commissaires de surveillance furent successivement :

M. Franck Bertrand.

MM. Philibert, Plantevin, Colombet.

M. Guy.

MM. Guy et Lapierre.

MM. Roy et Abadie.

C'est à M. Guy, nommé commissaire de surveillance en 1891, que revient l'honneur d'avoir organisé sur de sérieuses bases, une comptabilité qui jusqu'à lui, n'existait pour ainsi dire pas.

Le Conseil d'administration rendait compte de sa gestion à l'assemblée générale.

Il est à remarquer que dans les débuts, et dans les dernières années de la Mine aux Mineurs, les sociétaires placèrent à côté du Conseil toute une série de commissions, nommées par l'assemblée, dont le but était d'exercer une surveillance constante sur les agissements des administrateurs : *commission de contrôle*, chargée de vérifier la comptabilité ; *commission des travaux*, chargée de surveiller l'exploitation ; *commission de vérification des bois*, dont la mission était, comme son nom l'indique, de vérifier les marchés de bois conclus par le Conseil.

Ces commissions ne fonctionnèrent jamais régulièrement. Elles disparurent totalement lorsque le Conseil, présidé par M. Prudhomme, eut réussi à imposer son autorité à l'assemblée. On les vit cependant incidemment reparaître sous la forme d'une « *commission des achats* » et d'une nouvelle « *commission de contrôle* », lorsque la société commença à péricliter, et se trouva en déficit. Elles ne furent du reste d'aucun secours, les membres qui les composaient n'ayant jamais les connaissances suffisantes pour exercer un contrôle efficace sur la marche des affaires.

D'une façon normale donc, la gestion financière et commerciale fut assurée par le Conseil d'administration.

Un service de comptabilité fut organisé; rudimentaire aux débuts, il se perfectionna dans la suite et fonctionna régulièrement jusqu'à la dissolution de la société.

Un service de contentieux s'occupa des affaires litigieuses : règlement des indemnités en suite d'accidents ou de dommages à la surface, conduite des discussions ou des procès de toute nature qu'eut à soutenir la Mine aux Mineurs.

Les marchés de fournitures, bois, huiles, etc., et les ventes de charbon étaient passées en général par le président du Conseil d'administration. Toutefois, dans les débuts tout au moins, l'ingénieur (spécialement, M. Martin) assistait fréquemment le président dans la passation des marchés importants, et surtout des marchés à terme.

Telle fut dans ses grandes lignes la gestion commerciales et financière. (Nous donnons plus loin le chiffre des ventes annuelles de charbon passées par la société, de 1892 à 1903). Il nous faut parler maintenant plus spécialement de la gestion technique.

**

La gestion technique de l'entreprise fut confiée au Conseil d'administration, assisté de l'ingénieur. L'article 24 des statuts disposait en effet :

« Il lui (au Conseil d'administration) sera adjoint un ingénieur délégué à l'exploitation pour diriger et surveiller les travaux techniques. L'ingénieur délégué est sous les ordres du Conseil d'administration ».

Aux débuts, la société ne s'adjoignit qu'un ingénieur. Il fut à la fois : directeur général de l'exploitation, et comme tel, soumis à l'agrément du service du

contrôle, et à la nomination préfectorale (1) ; et chargé
de la surveillance effective des travaux ainsi que du
relevé des plans. On lui adjoignit, seulement pour effectuer ce dernier travail, un géomètre.

Plus tard, lorsque les affaires de la société se furent
développées, et que la situation fut devenue meilleure,
la nécessité se fit sentir d'avoir deux ingénieurs. L'un
fut alors chargé de la direction générale de l'exploitation, et seul responsable devant l'administration des
mines ; l'autre fut ingénieur adjoint, et exclusivement
chargé de la surveillance immédiate des chantiers et de
la conduite journalière des travaux : il fut pour ainsi
dire « l'ingénieur ordinaire » de la société. A lui
incomba également le soin de faire les levées de plans
et l'on se priva alors des services du géomètre.

Aux termes des statuts (art. 24 précité), l'ingénieur
dépendait du Conseil d'administration. Il devait soumettre à son approbation les plans généraux d'exploitation, ainsi que toutes les mesures de nature à engager
les finances de la société.

Mais en fait, l'ingénieur jouit à ce point de vue
d'une autonomie presque complète, et l'on se rendit
progressivement compte de la nécessité de s'en remettre
à lui de la gestion purement technique de l'entreprise.

L'article 11 du règlement disciplinaire de 1895 lui
donna entrée aux délibérations du Conseil d'administration, et l'on ne prit en fait aucune décision importante
sans l'avoir consulté.

_____

(1) Voir supra, 1ᵉ partie, chap. I, § 1.

Au surplus, certains ingénieurs prirent soin de stipuler, à leur entrée dans l'entreprise, qu'ils conserveraient leur pleine liberté d'action pour toutes les mesures techniques à ordonner en vue d'assurer la sécurité du personnel et la régularité de la marche de l'exploitation. C'était du reste assez rationnel, leur responsabilité pénale devant, aux termes des règlements sur les mines, se trouver engagée au cas d'accidents ou de troubles dûs à des contraventions à ces règlements.

En fait, la bonne harmonie régna presque constamment entre l'ingénieur et le Conseil, sinon pour la conduite du travail, du moins pour l'admission des plans d'exploitation; et les programmes de travaux proposés furent généralement adoptés sans opposition sérieuse de la part des administrateurs.

A de certains moments cependant, l'autorité et la compétence du service technique furent mises en discussion. Le fait se produisit surtout aux débuts, alors que l'indiscipline et l'anarchie régnaient dans l'entreprise.

M. l'ingénieur Payen, notamment eut à subir les acerbes critiques des deux conseils d'administration, qui, en 1892, se disputaient concomitamment la direction de la société.

Plus tard, le 25 février 1894, des doutes sérieux furent émis à l'assemblée générale sur la compétence technique de M. Aroud. Le sociétaire Huguet fit entendre des critiques violentes sur le plan d'exploitation proposé par l'ingénieur, et prétendit que le fonçage de puits Remel, préconisé par lui, ne pouvait amener aucun résultat (1).

Mais à mesure que la société se disciplina, la bonne entente se fit plus étroite entre l'administration et le service technique. De 1899 à 1904, on confia même à M. l'ingénieur Lapierre le rôle de commissaire de gestion pour la partie technique, et il présenta à toutes les assemblées ordinaires un rapport détaillé sur la situation de l'exploitation et les travaux à effectuer, qui fut toujours adopté avec empressement (2).

Tel fut le régime administratif de l'exploitation à Monthieux.

Fut-elle conduite de façon rationnelle, et sut-on tirer un parti avantageux du gîte houiller ?

C'est là une question d'ordre purement technique qui excède notre compétence et que nous n'avons pas qualité pour résoudre.

Nous cantonnant sur le terrain de la seule administration, nous ferons seulement deux observations :

1° La société de la Mine aux Mineurs, pendant les vingt ans de son existence a fait effectuer des *travaux neufs* importants.

Dès 1893, malgré la situation obérée de la société, la nécessité de travaux d'aménagements s'était imposée; et les sociétaires avaient consenti des retenues

---

(1) Voir Registre des Délibérations des Assemblées Générales, p. 29.

(2) Idem, p. 131 à 191.

importantes de salaires pour permettre de les effectuer.

Le bilan arrêté au 30 juin 1897, porte à l'actif
la somme de 36.113 fr. 70 pour travaux neufs effectués.

L'exercice 1898-1899 s'étant soldé par 62.000 francs
de bénéfices, les travaux effectués purent être complètement amortis; mais en même temps on adopta un
nouveau plan d'exploitation proposé par l'ingénieur,
M. Lapierre, qui comportait plus de 160.000 francs
de travaux de recherche. Il s'agissait de mettre en
exploitation un lambeau important de la treizième couche, ce qui devait assurer pendant cinq ans au moins,
une production annuelle de 50.000 tonnes de houille, et
d'accéder à la huitième couche d'où l'on devait retirer
environ 220.000 tonnes (1).

Il semble donc bien que l'on ait eu le souci d'assurer au point de vue de l'exploitation, l'avenir de la
société.

2° Mais peut-être a-t-on trop présumé de ses
forces, et lui a-t-on imposé ainsi un programme de
travaux en disproportion avec les ressources dont elle
disposait.

Nous ne donnons bien entendu cette appréciation
que sous les plus expresses réserves, ne pouvant ap-

_____

(1) Rapport de M. l'ingénieur Lapierre à l'Assemblée
générale du 22 octobre 1899. En fait, le forçage du puits
Saint-Simon, nécessité par le projet d'exploitation de la
8° couche, a coûté à la Société plus de 350.000 francs (ren-
seignement de M. Jourjon, comptable).

précier avec compétence la nécessité des travaux entrepris.

Mais l'on est bien obligé de constater que l'exécution de ce programme de travaux constitua pour l'entreprise une lourde charge. Si nous prenons par exemple la situation au 30 juin 1903, nous voyons que le bilan à cette date portait le chiffre de 77.834 fr. 85 pour travaux neufs effectués, ce qui était respectable eu égard aux charges et aux ressources de la société. On pourra se faire une idée de celles-ci en considérant qu'à cette date, les ventes du 1er semestre 1903 atteignirent le chiffre de 355.004 francs, tandis que les salaires distribués représentaient à eux seuls une somme de 227.758 francs.

Peut-être aussi, il faut bien le dire, le plan d'exploitation eût-il été plus facilement réalisable, si les sociétaires, écoutant les sages avertissements que leur donnait le président Prudhomme à l'assemblée du 8 novembre 1903 (1), avaient consenti à des réductions de salaires et avaient constitué des réserves au lieu de se voter des augmentations, occasionnant de la sorte de folles dépenses qui devaient conduire la société à sa perte.

Pour en finir avec la gestion technique, donnons quelques chiffres.

Le tableau suivant donne par exercices le tonnage extrait à Monthieux.

---

(1) Registre des Délibérations des Ass. Gén., p. 186.

En regard du chiffre de tonnes extraites, nous indiquons le montant des ventes; nous n'avons pu, malheureusement, nous le procurer que pour la période 1893-1903.

EXERCICES	TONNAGE	MONTANT DES VENTES
1892-1893	26.092	293.396
1893-1894	31.630	367.278
1894-1895	27.561	333.710
1895-1896	29.825	342.388
1896-1897	39.115	412.017
1897-1898	41.572	449.849
1898-1899	47.653	556.392
1899-1900	64.442	806.798
1900-1901	71.865	1.030.462
1901-1902	54.417	817.182
1902-1903	50.881	753.259
1903-1904	50.004	709.099
1904-1905	49.967	manque
1905-1906	48.691	»
1906-1907	37.199	»
1907-1908	23.226	»

Il eut été intéressant de comparer la productivité individuelle moyenne de l'ouvrier de Monthieux avec celle des ouvriers du bassin. Mais nous n'avons pu nous procurer les éléments indispensables à cette comparaison.

Les chiffres donnés chaque année dans les statistiques du service du contrôle sont obtenus en effet par des calculs, dans lesquels il est tenu compte :

1° Du nombre exact des ouvriers (fond et jour) de chaque exploitation.

2° Du nombre de journées de travail effectuées, ce qui implique la prise en considération des journées de chômage, de maladies, d'invalidité en suite d'accidents, etc.

3° Du tonnage extrait.

Or, nous n'avons pu retrouver les livres de paie qui nous auraient donné les deux premiers éléments du calcul : le chiffre de 300 ouvriers que nous avons indiqué plus haut n'est qu'unchiffre approximatif, et nous ne sommes pas en mesure de donner le nombre de journées effectives accomplies à Monthieux annuellement.

Nous croyons toutefois, d'après des renseignements fournis par des ingénieurs, que la productivité individuelle moyenne a été moindre à Monthieux que dans les Compagnies du bassin.

*
**

Quels furent en somme les résultats financiers de l'entreprise de Monthieux ?

Il nous a été impossible de retrouver, année par année, les rapports des commissaires de surveillance et les bilans, et nous n'en avons eu que quelques-uns entre les mains. Néanmoins, à l'aide du Registre de délibérations des assemblées générales, nous avons pu combler partiellement ces lacunes, et nous pouvons

12

donner très exactement. sauf pour trois années, les
résultats de chaque exercice financier (1).

On peut, au point de vue des résultats, diviser l'histoire de la Mine aux Mineurs en trois périodes :

La première va de la constitution de la société à
l'année 1897. C'est la période difficile des débuts.

La seconde va de 1897 à 1901. C'est l'apogée.

La troisième va de 1901 à 1908. C'est la période de
déclin qui se termine à la nomination du séquestre par
le tribunal, précédant le dépôt du bilan.

Faisons remarquer au préalable que pour apprécier
sainement les chiffres qui vont être donnés, et se faire
une juste idée des résultats de chaque exercice, il faut
tenir compte des deux considérations suivantes :

1° La Mine aux Mineurs de Monthieux a reçu chaque
année du Gouvernement une subvention de 5.000 francs
qui venait par conséquent augmenter les bénéfices effectifs de l'exploitation ou en atténuer les pertes.

2° La Mine aux Mineurs n'a payé à l'Etat ni la
redevance fixe, ni la redevance proportionnelle, prévues
par les articles 33 et 34 de la loi du 21 avril 1810 sur
les mines.

PREMIÈRE PÉRIODE

Exercice 1892-1893. — La comptabilité fut tenue
d'une façon irrégulière, et lorsque M. Guy fut nommé

---

(1) On sait que l'exercice social courait du 1er juillet au
30 juin.

commissaire de surveilllance en 1894, il dut vérifier toutes les écritures, et releva des erreurs importantes. Nous n'avons pu retrouver le bilan au 30 juin 1893. On peut cependant calculer que l'exercice se solda par une perte de 24.083 fr. 70. En effet, le compte de profits et pertes au 30 juin 1895 porte un chiffre de pertes accumulées de 50.828 fr. 30. Or, nous connaissons le résultat de l'exercice 1893-1894 qui se solde par un déficit de 26.744 fr. 60. La différence entre ces deux sommes nous donne donc le chiffre de 24.083 fr. 70, qui représente bien les pertes de l'exercice 1892-1893.

Exercice 1893-1894. — Il se solda par une perte de 26.744 fr. 60. Le défaut d'organisation, de discipline au sein de la société, l'exagération des frais d'exploitation et notamment du compte de journées, expliquent cette perte (1).

Exercice 1894-1895. — Il se solde par une perte de 29.730 fr. Il faut attribuer ce résultat tout d'abord aux dépenses occasionnées par des travaux neufs qui figurent pour 33.113 fr. 70 à l'actif du bilan; ensuite à une baisse générale des prix de vente du charbon dans le bassin de la Loire : le prix moyen de la tonne passa en effet de 15 fr. 89 à 14 fr. 17 (2).

----

(1) V. Rapport du commissaire de surveillance à l'Assemblée du 26 août 1894.

(2) Nous empruntons les prix moyens de la tonne au rapport annuel de l'ingénieur en chef du Service des Mines au Conseil général. En fait, les prix de vente de la Mine aux Mineurs restèrent presque toujours inférieurs au prix

Exercice 1895-1896. — C'est le premier qui se solda en bénéfices. Le bilan accuse un gain net de 3.354 fr. 30. La production s'accrut, en effet, passant de 27.561 tonnes à 29.825 tonnes; d'autre part, le taux moyen des salaires ne fut pas plus élevé que dans l'année précédente. C'est ce qui permit de réaliser ce bénéfice malgré la baisse des prix des charbons.

DEUXIÈME PÉRIODE

Exercice 1896-1897. — Il donna un bénéfice net de 8.097 fr. 90, malgré l'importance des travaux neufs qui se montèrent à 36.113 fr. 70, et les frais considérables de procès qui figurèrent aux frais généraux pour la somme respectable de 22.895 fr. 55. Devant ces résultats satisfaisants, les sociétaires purent être payés d'une partie importante de leurs arriérés de salaires. L'entreprise entrait donc résolument dans une voie de relèvement et de prospérité.

Exercice 1897-1898. — Le mouvement s'accentua l'année suivante, et la société réalisa un bénéfice net de 10.779 fr. 10, qui vint diminuer d'autant le chiffre des pertes accumulées s'élevant au 30 juin 1897 à la

moyen du bassin, à raison de la qualité médiocre des charbons extraits à Monthieux.

Les chiffres fournis par le rapport de l'ingénieur donnent néanmoins un aperçu général sur les cours du marché charbonnier, et les variations en sont instructives, même pour apprécier la situation de la Mine aux Mineurs.

somme de 39.388 francs. Les sociétaires en approuvant le bilan se votèrent une augmentation de salaire de 10 %.

Exercice 1898-1899. — Il fut particulièrement fructueux, et ce fut l'apogée de la Mine aux Mineurs. Bénéfices nets réalisés : 62.127 fr. 70. M. Lapierre, ingénieur et commissaire de surveillance, conseilla aux sociétaires, à l'assemblée du 22 octobre 1899, d'employer ces bénéfices à la constitution de réserves qui permettraient d'entreprendre des travaux neufs. Les pertes accumulées furent complètement amorties, ainsi que les travaux de recherches précédemment effectués. Tous amortissements faits, il restait à distribuer un solde de 266 fr. 90; on décida de le reporter à nouveau.

Pour la première fois, la société se trouvait au-dessus de ses affaires. L'exercice suivant s'annonçait également prospère, la production de la mine jusqu'à décembre 1960 était d'ores et déjà vendue dans des conditions avantageuses. Les sociétaires se votèrent une augmentation de salaires de 10 %.

Exercice 1899-1900. Il se solda par un bénéfice net de 16.529 fr. 90. La société connut alors la prospérité. On put reconstituer le capital primitif de 60.500 francs, que les pertes du début avaient presque totalement absorbé, et il resta comme bénéfices disponibles une somme de 24.627 fr. 85. Le prélèvement de 10 % pour la réserve statutaire art. 11 des Statuts, la ramena à 22.165 fr. 05.

L'assemblée fit preuve de sagesse en en votant l'emploi que voici :

75 %, soit 16.623 fr. 78, à la création d'un fonds de réserve spécial, conformément à l'article 11, § 5 des statuts.

12 ½ %, soit 2.770 fr. 63, pour être distribués aux mineurs malheureux du bassin, conformément à l'article 13 des statuts.

6 1/4 %, soit 1.385 fr. 62, comme répartition aux parts de fondateurs (art. 11 et 12 des statuts).

6 1/4 %, soit 1.385 fr. 62, pour être répartis entre les actionnaires, à raison de 2 fr. 309 par action.

Mais aussitôt, et comme contre-partie, on vota une augmentation générale des salaires de tous les ouvriers, sociétaires ou auxiliaires, qui devait grever sérieusement le budget de l'exercice suivant. De fait, jamais les salaires ne furent plus élevés à la Mine aux Mineurs qu'en 1900-1901, et le salaire du sociétaire atteignit jusqu'à 8 francs par jour.

Exercice 1900-1901. — La société réalisa encore un bénéfice, mais bien moindre, et le bilan accusa un gain net de 5.712 fr. 25. Tous prélèvements faits, il resta à distribuer aux sociétaires une somme de 323 francs.

Troisième Période

Exercice 1901-1902. — Il se solda par une perte de 24.737 fr. 80. Le prix excessif de la main d'œuvre, le ralentissement de la production, le défaut de travail les ouvriers, l'élévation des frais généraux, la crise

industrielle et l'importance des travaux neufs effectués,
furent les causes principales de ce déclin.

M. Lapierre constatait en effet dans son rapport :
que les charbons de Monthieux, de qualité inférieure et
ne trouvant de débouchés que dans l'industrie, se ven-
daient mal, eu égard au marasme de l'industrie — que
le rendement individuel avait baissé de 90 kilos par jour
— enfin que le prix de revient avait passé de 12 fr. 92
à 11 fr. 75 par tonne.

Exercice 1902-1903. — La société réalisa un bénéfice net de 1.270 fr. 55. La production s'était un peu
relevée: elle avait passé en effet de 50.881 tonnes à
54.117 tonnes. En même temps, le prix de la main d'œuvre avait baissé, les sociétaires ayant consenti à l'assemblée générale du 6 décembre 1902 une réduction de
leurs salaires. Les salaires payés dans l'exercice précédent avaient atteint en effet le chiffre de 503.338 fr.,
tandis qu'ils n'avaient atteint que celui de 126.173 fr.
dans l'exercice 1902-1903.

Cette tentative de relèvement fut sans lendemain,
et à partir de 1903, la société alla de jour en jour en
déclinant.

Exercice 1903-1904. — Pertes subies : 18.735 fr. 70.
Les causes de déclin restent les mêmes : importance
exagérée des travaux neufs en raison du faible capital,
et surtout du prix exorbitant de la main d'œuvre. Le
président Prudhomme attira sur ce dernier point l'attention de l'assemblée générale du 6 novembre 1904.
Il fit ressortir que « la main d'œuvre figurait pour
129.987 francs pour 709.099 francs de ventes, et que

tous les efforts de la société devaient tendre à la diminuer » (1). Mais ses conseils furent accueillis sans
enthousiasme et les sociétaires se déclarèrent opposés
à toute réduction de salaires.

Exercice 1904-1905. — Les pertes furent encore
accrues: elles se montèrent à 61.138 fr. 95. Le tonnage
extrait n'avait pas sensiblement baissé, mais les travaux de recherches, notamment le fonçage du puits
Saint-Simon et l'établissement d'un travers-banc qui
devait permettre l'exploitation de la huitième, avaient
nécessité des sommes considérables. On se décida alors
à réduire le taux des salaires; mais la mesure était tardive, et la société, faute de réserves constituées à temps,
ne pouvait plus remonter le courant qui devait la conduire à sa perte.

Nous n'avons pu retrouver les bilans des derniers
exercices, mais il est certain que les déficits ne firent
que s'accroître. Les difficultés croissantes d'exploitation, l'épuisement du gîte houiller, l'esprit d'indiscipline qui reparut avec les mauvais jours acculèrent la
société au résultat que l'on sait.

Voici, comme dernier document sur les résultats
financiers, le bilan, ou plutôt l'état de situation dressé
par le comptable de la société le 15 mai 1908, préalablement à la nomination du séquestre.

_____

(1) Voir Registre des Délibérations des Assemblées Générales, p. 194.

SITUATION AU 15 MAI 1908

ACTIF		PASSIF	
Matériel	115.000 »	Compte de dépôts (main d'œuvre restant à payer)	37.829 75
Immeubles	75.000 »	Caisse de retraites (ce qui lui reste dû)	21.821 65
Chevaux et voitures	12.000 »	Caisse de secours (ce qui lui reste dû)	6.607 »
Caisse	7.462 25		
Portefeuille	500 »	Compte de saisies (diverses retenues impayées)	2.941 80
Débiteurs	2.591 95	Liquidation (ce qui reste dû à l'ancienne Cie de Monthieux)	73.604 30
En banque.......................	644 35		
Marchandises	16.868 95	Créances diverses privilégiées	25.000 »
Comptes-courants	13.225 55	Tréfonciers	171.119 65
Fournisseurs	180 »	Fournisseurs	75.526 35
		Main d'œuvre (2ᵉ quinzaine d'avril et 1ᵉʳ de mai)	26.688 05
Balance	193.745 20		
	437.138 55		437.138 55

185

Au 15 mai 1908, la société présentait donc un passif de 193.715 fr. 20.

*
**

Nous donnons enfin les prix de revient de la Société, depuis 1900-1901 jusqu'à 1906-1907. Il nous a été impossible de connaître ceux de la période antérieure, la comptabilité ne les ayant établis qu'à partir de 1903-1904 par un « Livre de Décomptes d'exploitation ». Ceux antérieurs à 1903 nous ont été révélés par les rapports de M. l'ingénieur Lapierre à l'Assemblée générale.

Nous plaçons en regard le prix moyen de vente de la tonne de houille; on verra par là que de 1903 à 1907, la Société a constamment exploité à perte.

EXERCICES	Prix de Revient	Prix moyen de vente
1906-1907	12 fr. 92	manque
1905-1906	11 fr. 75	15 fr. 56
1904-1905	13 fr. 76	15 fr. 15
1903-1904	12 fr. 02	10 fr. 67
1902-1903	12 fr. 61	14 fr. 82
1901-1902	13 fr. 11	13 fr. 59
1900-1901	18 fr. 05	11 fr. 70

CHAPITRE III

LES INSTITUTIONS DE PRÉVOYANCE

Il nous faut maintenant examiner ce que fit la Mine aux Mineurs dans le domaine des institutions de prévoyance.

Poursuivant le parallèle entrepris avec les Compagnies du bassin, voyons d'abord le régime adopté par ces dernières dans cet ordre d'idées.

***

Depuis longtemps les Compagnies minières de la Loire avaient organisé un système d'assurances devant garantir leurs ouvriers des risques du travail, de la maladie et de la vieillesse.

Dès 1867, certaines Compagnies avaient fondé des caisses de retraites, avec l'assentiment et la coopération de leurs ouvriers, représentés par des délégués dans les Conseils d'administration de ces caisses,

En 1869, les diverses caisses furent fondues en une seule qui prit le nom de « Caisse centrale de secours et de pensions ». Les Compagnies adhérentes furent : La Chazotte et le Montcel, Saint-Etienne, La Loire, Beaubrun, Montaud, Forchère, Monthieux, Villebœuf, Le Cros, Janon, Rive-de-Gier, Saint-Chamond, Montrambert, Firminy.

L'article 1er des statuts en énonçait le but, qui était d'assurer :

a) des secours en argent à l'ouvrier blessé par un accident de mine lorsque l'incapacité de travail aurait duré plus d'une année, et une pension annuelle et viagère lorsqu'elle présenterait un caractère permanent.

b) Une pension annuelle et viagère à la veuve de l'ouvrier mort par suite d'un accident de mine, et des secours aux enfants laissés par lui.

c) Une pension de retraite à l'ouvrier remplissant certaines conditions d'âge et de travail.

d) Des secours extraordinaires et facultatifs à des personnes déterminées (la mère, le père s'il était impotent, des parents mineurs de 12 ans) dont l'ouvrier était le soutien.

La caisse était alimentée par des versements faits par les ouvriers, et des versements équivalents des Compagnies, des dons et legs, des subventions diverses.

Elle était administrée par un conseil de vingt-deux membres, onze délégués ouvriers et onze délégués des exploitants. Le président et le vice-président étaient désignés chaque année par les présidents des Conseils d'administration des Compagnies exploitantes.

Voici maintenant quels étaient les secours ou pensions alloués :

a) A l'ouvrier blessé par un accident de mine, à partir du jour où l'incapacité avait atteint une année : en cas d'incapacité temporaire : un franc par jour; en cas d'incapacité définitive, une pension calculée sur le pied de un franc par jour : aux enfants mineurs de 12 ans de cet ouvrier, 0 fr. 25 par jour.

b) A la veuve de l'ouvrier mort dans un accident de mine, une pension de 0 fr. 60 par jour; à ses enfants de moins de 12 ans : 0 fr. 25 par jour.

c) A l'ouvrier ayant 55 ans d'âge et 30 ans de service effectif à la mine, soit au fond, soit au jour, une pension de 300 francs par an. Chaque année de travail effectuée en sus des trente ans par un ouvrier âgé de plus de 55 ans, augmentait sa pension de 25 francs.

Comme on le voit, l'ouvrier était protégé contre le *risque professionnel* et contre la *vieillesse*.

Survint la loi du 29 juin 1894 sur les Caisses de secours et de retraites des ouvriers mineurs.

Les Compagnies du bassin fondèrent alors de nouvelles caisses de retraites, conformément aux prescriptions de la loi nouvelle. La Caisse centrale continua néanmoins à fonctionner, car de nombreux ouvriers, usant du droit d'option que leur conférait l'article 25 de la loi de 1894, continuèrent, d'accord avec les Compagnies, les versements à cette Caisse en vue d'obtenir la pension prévue par les statuts.

A l'heure actuelle, la Caisse centrale continue à fonctionner, parallèlement aux caisses instituées par la loi de 1894. Quant au risque professionnel, il s'est trouvé garanti, comme l'on sait, par la loi du 9 avril 1898.

**

Qu'a-t-on fait à la Mine aux Mineurs ?

A. — *Avant la loi du 29 juin 1894*, il n'y eut à Monthieux aucune organisation d'assurance contre la vieillesse; pas de caisse de retraites, par conséquent.

Mais en 1893, on se préoccupa de fonder une caisse de secours aux malades. A l'Assemblée générale du 31 décembre, on décida « de faire circuler des listes parmi les sociétaires, pour savoir s'ils seraient d'avis de fonder une petite caisse de secours pour éviter les collectes qui sont très humiliantes, et très souvent peu efficaces » (1).

Les avis furent sans doute favorables, car l'Assemblée suivante du 25 février 1894 nomma pour élaborer des statuts une commission composée de MM. Régnier, Jourd, Frécon, Durieux et Lacombe.

La caisse fut effectivement constituée. Mais le principe de l'affiliation obligatoire n'étant pas encore proclamé, elle ne réunit guère que l'adhésion de la moitié des ouvriers.

_____

(1) Registre des Délibérations des Ass. Gén, p. 22

La société de la Mine aux Mineurs ne fit aucun versement; la caisse ne fut alimentée que par les versements des ouvriers, soit 1,50 par mois. Il était alloué un secours de 1,50 par jour aux ouvriers malades, et cela pendant trois mois seulement; on leur payait aussi les frais médicaux et pharmaceutiques. Les femmes et les enfants des malades n'avaient droit à aucune allocation.

Cette institution n'eut qu'une existence éphémère, la loi de 1894 ayant été promulguée quelques mois après sa création (1).

B. — *Sous l'empire de la loi de 1894*, il fut créé une caisse de retraites et une caisse de secours.

La *caisse de retraites* fut constituée suivant les prescriptions des articles 2 à 5 de la loi.

La *caisse de secours* fut pareillement organisée conformément à la loi. Des statuts furent élaborés et approuvés par décision du ministre des travaux publics en date du 16 décembre 1895.

La caisse était alimentée par un prélèvement de 2 % sur le salaire de chaque ouvrier ou employé; un versement de 1 % des salaires par la société de la Mine aux Mineurs; les subventions de l'Etat; les dons et legs;

---

(1) D'après les renseignements qui nous ont été donnés par M. Jourd, on liquida cette caisse en novembre 1894, cinq mois après la promulgation de la loi de 1894. Le médecin et le pharmacien payés, il revint à chaque adhérent une somme de cinq francs, qui fut consacrée à célébrer la Sainte-Barbe, fête traditionnelle des mineurs dans le bassin de la Loire.

le produit des amendes infligées soit pour infractions aux statuts de la caisse, soit pour infraction au règlement disciplinaire de la mine; par l'intérêt des capitaux de la société de secours.

L'article 24 des statuts assurait la gratuité absolue des soins médicaux et des médicaments.

Il était accordé en outre, à tout ouvrier malade, une allocation journalière de 1,50 pendant trois mois; si la maladie se prolongeait au-delà des trois mois, le malade avait droit pendant trois autres mois à une allocation de un franc par jour. Pour les femmes et les enfants dont les salaires étaient inférieurs à 3 fr., ces chiffres étaient réduits à 0,75 et 0,50.

Si l'infirmité se prolongeait au-delà de six mois, le Conseil d'administration avisait sur la continuation des secours.

De conformité avec l'article 8 de la loi de 1894, en cas d'incapacité de plus de quatre jours, la caisse de secours versait à la caisse de retraites une somme égale à 5 % de l'indemnité de maladie.

En cas de décès par suite de maladie, il était payé aux ayants-droit une indemnité de 50 francs; en l'absence d'ayants-droit, la société consacrait cette somme à organiser les funérailles (art. 28).

L'article 29 donnait enfin la possibilité au Conseil d'administration d'accorder, dans la mesure des disponibilités et après enquête, des secours exceptionnels : aux veuves, aux enfants mineurs de 14 ans et aux ascendants des membres défunts — à ceux des membres malades dont la situation serait particulièrement

malheureuse — aux femmes et enfants des membres
appelés sous les drapeaux.

En fait, la gestion de ces deux caisses, soit de
retraites, soit de secours, fut désastreuse, et l'on ne
saurait trop déplorer l'incurie coupable du service des
mines et de l'administration préfectorale, qui faute
d'exercer la surveillance, dont la loi de 1894 leur faisait une obligation, ont laissé se créer la situation que
nous allons exposer.

Nous n'avons pu savoir exactement si les comptes-
rendus prévus à l'article 15 de la loi pour les sociétés
de secours ont été annuellement adressés à l'administration, ni si les livres et pièces comptables ont été communiqués au préfet ou aux ingénieurs du contrôle. Ce
qu'il y a de certain, c'est que ni la caisse de secours,
ni la caisse de retraites n'ont fonctionné régulièrement.

1° Il n'existait à Monthieux aucune comptabilité à
part, aucun fonds spécial affecté à la gestion de la
caisse de secours. On prélevait à chaque paie les 2 %
de retenues de salaires, prévus aux statuts, mais on ne
les portait en compte sur aucun livre à part, pas plus
qu'on ne portait le versement de 1 % qui aurait dû
être effectué par la société. Lorsque des secours étaient
payés à des membres participants, on puisait à la caisse
commune, et on se contentait de débiter le compte
« Frais généraux » du montant de l'allocation versée.
Bien entendu, il n'a jamais été fait de versements à la
caisse des Dépôts et Consignations, par application de
l'article 16 de la loi de 1894, parce qu'il n'y a jamais
eu d' « excédents disponibles ».

13

De la sorte, les ouvriers sur les salaires de qui les
retenues ont toujours été effectuées se sont trouvés
lésés; et le 15 mai 1908, lors du dépôt de bilan qui a
précédé la nomination du séquestre, la caisse de secours
présentait un déficit de 6.607 francs.

2° La gestion de la *caisse de retraites* n'a pas été
meilleure, et la comptabilité n'en a pas été plus régulière.

Au début de la société, on effectua bien quelques
versements à la caisse nationale des retraites pour la
vieillesse. Mais les difficultés de toute sorte augmentant,
on consacra à l'extinction de certaines dettes sociales,
ou simplement au fonds de roulement, les prélèvements
de 2 % effectués sur les salaires des ouvriers. En même
temps, la société allégeait ses charges en n'effectuant
pas elle-même le versement de 2 % prévu par la loi de
1894. Pendant la période de prospérité qui dura de
1899 à 1901, on effectua de nouveau quelques versements à la caisse nationale des retraites, mais on ne put
combler les déficits de la caisse. En 1905, le Conseil
d'administration, autorisé par l'assemblée générale du
7 mai, contracta un emprunt hypothécaire de 25.000
francs, et avec cette somme de nouveaux versements
furent effectués. Mais les mauvais jours revinrent, et
les retenues de salaires furent derechef détournées de
leur destination.

Bref, au 15 mai 1908, la caisse de retraites de Monthieux présentait un déficit de 21.821 fr. 65.

Il nous a été donné de voir le livret d'un ouvrier de
Monthieux qui a travaillé à la Mine aux Mineurs depuis

1892 jusqu'à la dissolution, et sur le salaire duquel les retenues de la loi de 1894 ont donc toujours été opérées. Les versements effectués sous son nom à la caisse nationale se montent à la somme de 522 francs: ils ont été faits à capital réservé, et il touche à l'heure actuelle les pensions dérisoires de 34 francs par an pour lui-même, et de 6 francs pour sa femme !!

Les ouvriers dont la pension n'a pas été encore été liquidée sont dans une situation pire : car leurs retenues des dernières années n'ayant pas été versées à la caisse nationale, sont perdues pour eux. Ils ont produit à la liquidation judiciaire, mais ils toucheront un dividende insignifiant.

Ils ont adressés, le 20 mars 1910, une pétition à M. Briand, président du Conseil des ministres et député de la Loire (1). Ils y exposent leur triste situation, et expriment l'espoir que « les pouvoirs publics ne la laisseront pas sans remèdes ».

« Ils vous prient, disent-ils, de bien vouloir leur donner l'assurance que le Gouvernement fera remettre à MM. les liquidateurs judiciaires la somme suffisante pour combler le déficit de la caisse: ils ne demandent pas d'ailleurs à toucher individuellement leur part de cette somme, et ils entendent qu'elle soit employée suivant la destination légale ».

Nous ignorons quel sort sera fait à cette pétition. Mais il serait désirable qu'elle fût prise en considéra-

---

(1) Voir *La Tribune*, n° du 21 mai 1910.

tion, car l'administration a dans cette débâcle sa part de responsabilité. Certes on peut faire grief à des administrateurs peu instruits, d'une société ouvrière acculée à la faillite, d'avoir fait argent des retenues de salaire de leurs ouvriers. Mais que dire de ceux qui, oublieux du mandat de surveillance qui leur avait été confié par la loi, ont laissé s'accomplir sous leurs yeux un pareil détournement ?

CINQUIÈME PARTIE

Les Causes de l'Insuccès
Conclusions

———————

Le moment est venu, et ce sera la moralité sociale de cette étude, d'approfondir le caractère économique de l'entreprise dont nous venons de dépeindre la vie et la mort. Voyons si cette mort, rapide mais prévue, doit être attribuée seulement à des causes accidentelles ou s'il ne faut pas l'imputer pour une part très grande à un vice de constitution qui, dès le début, avait déposé dans la société un germe mortel.

Notons tout d'abord que la Mine aux Mineurs de Monthieux, essai loyal, parfois vaillant, de démocratie industrielle, a subi le sort de la plupart des sociétés coopératives de production françaises ou étrangères. Suivant l'expression de l'apôtre même de la coopérative, M. Charles Gide, « de ce côté là du grand effort

ouvrier, les naufrages ne se comptent plus »(1). La coopérative de production est destinée à sombrer, ou, si
elle réussit, à payer son succès plus cher qu'il ne vaut,
c'est-à-dire à devenir une vulgaire société capitaliste.

On n'en est plus en effet à compter ces naufrages ou
ces transformations; mais la Mine aux Mineurs de Monthieux nous présente le double spectacle, particulièrement suggestif, d'une coopérative qui évolue, et d'une
coopérative qui échoue. Nous verrons pourquoi cette
évolution progressive n'a pas réussi à empêcher la
ruine. Mais il est intéressant de la constater.

La Mine aux Mineurs de Monthieux, en effet, fran-
chit une première étape en secouant le joug syndicaliste qui, dès le début, s'était appesanti sur elle. Mais
elle ne s'arrêta pas là. Elle comprit vite qu'elle ne pourrait vivre et prospérer qu'en dépouillant son caractère de coopérative intégrale de production. Nous savons
comment fut modifié l'esprit des statuts primitifs, comment on refusa résolument l'entrée de la mine à de
nouveaux sociétaires, germe permanent d'anarchie.

Cette transformation ne put conjurer la débâcle. Elle
ne réussit qu'à multiplier les méfiances et les haines
autour de l'entreprise transformée, abâtardie. Reniée
par les ouvriers, méconnue par les patrons, elle traîna
d'échec en échec, comme une ironie, ce nom de guerre
de Mine aux Mineurs qu'elle s'était donné dans l'enthousiasme des premiers jours. La faillite fut une délivrance.

---

(1) Ch. Gide, *De la coopération*, Conférences,

Depuis longtemps l'ennemi était dans la place : elle ne pouvait pas ne pas céder.

A quelles causes attribuer cette chute ? Elles sont d'ordres divers :

Les unes, toutes spéciales à Monthieux, sont des difficultés d'ordre technique que l'entreprise n'a pas pu surmonter.

D'autres, toujours spéciales à Monthieux, sont liées à son caractère de coopérative de production.

Enfin, des considérations d'ordre plus général, vont nous montrer, avec l'exemple de la Mine aux Mineurs, que la coopération n'est pas un progrès, et que tentée plus spécialement dans la grande industrie (ce qui fut le cas ici) elle est destinée à périr ou alors à reconstituer, suivant l'expression de M. Gide, les formes mêmes qu'elle se proposait d'éliminer.

*
* *

Parmi les difficultés qu'eut à combattre la Mine aux Mineurs, certaines, et non des moindres, étaient d'un ordre tout spécial, indépendantes de son caractère de coopérative de production.

a) *Insuffisance de capitaux.* — On peut bien, à la rigueur, se passer de capitalistes, mais on ne peut pas se passer de capitaux. Or, les capitaux de mise en marche de l'exploitation de Monthieux, entreprise de grande industrie, de grande production, nécessitant plus que toute autre, des réserves considérables, avaient consisté en principe dans les subventions de la générosité officielle ou privée, en fait dans les 10.000 francs du conseil municipal de Saint-Etienne et les 50.000 francs de M. Marinóni. L'argent de l'Etat et du conseil municipal de Paris s'était arrêté en route et était allé, par suite d'étranges interventions, à d'autres bénéficiaires.

Soixante mille francs pour relever une entreprise qui venait d'engloutir des millions, c'était plus que notoirement insuffisant. Ils ne tardèrent pas à fondre entre les mains des premiers administrateurs. Grâce aux efforts que nous avons relatés, la Mine aux Mineurs vécut quand même, eut ses heures de prospérité, ce qui n'est pas un mince mérite après la fuite si rapide des premières souscriptions versées.

Sans doute, il ne faut pas négliger, dans cette appréciation, le très important capital-matériel cédé par l'ancienne société de Monthieux à la Mine aux Mineurs pour le prix dérisoire de 10.000 francs.

' Ce capital-matériel, puits, fendues, galeries, machines d'extraction, pompes, guidages, embranchements, matériel de transport, matériel mobile d'exploitation, avait été estimé à trois millions deux cent mille francs (1). Mais, pour donner à toutes ces choses presques mortes, une vie nouvelle, un ordre nouveau, trouver des débouchés, reprendre le travail délaissé, traverser la difficile période transitoire, il fallait de toute nécessité un capital-argent, susceptible de le mettre en mouvement d'une manière efficace. Ca capital fit, dès

---

(1) Rapport de M. Simon, ingénieur de la Société en liquidation. Journal *Le Réveil des Mineurs*, 31 octobre 1891.

le début, défaut à la Mine aux Mineurs de Monthieux. Elle se lançait, avec l'insouciance d'un enthousiasme puéril, dans une entreprise de grande production avec un capital à peine supérieur aux charges d'une seule année (2). Aussi faut-il voir dans ce manque d'argent surtout dans ce défaut de proportions entre la mise de fonds initiale et l'importance de l'exploitation, une des causes premières et les plus certaines de la chute.

b) *Difficultés d'exploitation.* — D'autant plus que cette exploitation elle-même, commencée si inconsidérément, devait être singulièrement difficile. Au point de vue purement technique, du rendement possible de la Mine, les avis des hommes compétents sont encore aujourd'hui partagés.

Lors de la création de l'entreprise, M. l'ingénieur Simon, un homme d'expérience, puisqu'il avait été longtemps au service de la société de Monthieux, en liquidation, déclarait (1) que, malgré toutes les difficultés du terrain, tous les défauts du charbon, les bénéfices annuels de la nouvelle société amodiataire devaient être de 300.000 francs.

D'autres hommes de l'art avaient bien, dès la même époque, professé des opinions diversement contraires. D'aucuns affirmaient que là où avait échoué une Compagnie puissante, ne pourraient mieux réussir des

---

(1) De l'aveu même des partisans les plus résolus de la tentative, ces charges annuelles, indépendamment des salaires, devaient être de 36.000 francs.

(2) Rapport précité de M. l'ingénieur Simon.

ouvriers manquant des ressources et de l'expérience
nécessaires; ayant pour se soutenir leur seule confiance
dans leurs propres forces, et leur seule haine du patronat. D'autres insistaient sur la pauvreté du charbon
extrait des puits de Monthieux, charbon de qualité
médiocre, vendable à la condition de subir un déchet
d'un tiers et à cette autre condition qu'une direction
technique, expérimentée et prévoyante, sût réduire au
minimum les pertes devant découler de l'infériorité des
marchandises (1).

Quel que dût être au reste, le rendement de l'exploitation et sa qualité, il était certain que les sociétaires
de la Mine aux Mineurs, de l'avis de tous les ingénieurs,
allaient se trouver, et se sont effectivement trouvés en
présence *d'un sol et d'un sous-sol accidenté*, arrêtant à
chaque pas le travail des piqueurs, multipliant les dangers, compliquant à l'infini le percement des galeries;
en présence de couches grisouteuses, difficilement abor-
dables, à ce point que la première société de Monthieux
avait reculé devant l'inutilité de l'effort; *en présence
surtout de couches profondes* pour lesquelles aux travaux d'extraction, viennent s'ajouter les travaux com-
plexes, délicats et coûteux, d'élevage au jour, d'aérage,
d'épuisement des eaux, de boisage. Il semble bien,
comme le disait M. Ferrier lors de la création de l'entreprise, que si des ouvriers peuvent, sans direction

_____

(1) Extrait du rapport de M. Ferrier ingénieur, 2e partie, chap. I, p.

sérieuse, sans connaissances spéciales et sans capitaux, exploiter eux-mêmes des affleurements, ou pratiquer des glanages pour lesquels le travail manuel est presque suffisant, ils ne peuvent prétendre, dans les mêmes conditions, à l'exploitation efficace et lucrative des couches profondes qui exigent l'intervention dirigeante de l'ingénieur.

c) *Pauvreté du gîte.* — Malgré ces obstacles qu'elle n'a pu vaincre, la Mine aux Mineurs de Monthieux eût-elle vécu, elle se serait bientôt heurtée à la pénurie complète du gisement. Un procès engagé par l'ancienne Société houillère de Monthieux à la société des Houillères de Saint-Etienne, avait amené les experts nommés par la Cour d'appel de Lyon, à apprécier la valeur et la durée de l'exploitation de Monthieux : les experts avaient assigné à l'exploitation, pour l'extraction totale du charbon, une durée de quatorze ans, à partir du 1ᵉʳ janvier 1888. Ils s'étaient manifestement trompés, puisque la Mine aux Mineurs dépassa de beaucoup ce court délai. Mais d'autres experts, officieux ceux-là, ayant reçu mission par l'une des parties, de critiquer le rapport et les conclusions des premiers, démontrèrent par une série de justifications très précises, que la durée totale de l'exploitation de Monthieux atteindrait sans les dépasser, vingt-cinq années, à partir du 1ᵉʳ janvier 1889 avec un total de 1.245.000 tonnes (1).

---

(1) Examen critique du rapport des experts nommés par la Cour d'appel de Lyon par MM. Aguillon, Domengat et Delafond, Lyon, Storck, 1888, p. 24 et 25.

Il est donc permis de conclure que le gisement acheté
par les fondateurs de la Mine aux Mineurs était relativement pauvre. Si nous rappelons que les couches diverses qu'il présentait étaient profondes, grisouteuses, difficiles, il faut convenir que la tentative de coopérative
de grande production s'était engagée dans de bien défec-
tueuses conditions.

*
* *

Ces obstacles, dérivant de la nature organique du
gîte à exploiter, on avait espéré qu'une société d'ouvriers pourrait plus facilement les vaincre. C'était un
beau rêve et l'illusion était générale.

Société d'ouvriers, c'est-à-dire plus de patron, absorbant pour leurs intérêts ou leur luxe les bénéfices
d'une production qui n'est pas leur œuvre, c'est-à-
dire plus de sinécures, plus d'emplois inutiles, plus de
« fainéants », c'est-à-dire plus de salariat. L'ouvrier
devenu associé, participant à la responsabilité commune, touchera le produit intégral de son travail. Quel
stimulant nouveau et puissant pour braver les difficultés, pour mieux faire toujours. L'apathie est secouée,
la routine est vaincue : l'homme qui travaille, l'homme
qui crée n'est plus un instrument servile entre les mains
d'un exploitant exploiteur. Il n'est le maître de personne, mais il est l'égal de tous. L'âme tout entière
de l'entreprise vit en lui.

Ne semble t-il pas que la force collective doive être

centuplée des forces individuelles ainsi réhabilitées, ainsi encouragées par une conscience nouvelle ?

C'était la théorie et c'était la chimère. La réalité, nous l'avons vu, devait apporter à cet enthousiasme aveugle un trop cruel démenti. Enivrés par les exhortations bruyantes venues à eux de tous les rangs de la société, les ouvriers, improvisés patrons, crurent qu'ils avaient infuses toutes les qualités nécessaires pour diriger, administrer et produire. Il est facile de partir en guerre contre l'organisation capitaliste : il est plus difficile de prendre sa place, d'accomplir la même tâche et de rendre les mêmes services.

Peut-on même espérer qu'un jour puisse venir où l'industrie sera démocratisée et où fleurira la République coopérative ? C'est fort douteux. En tous cas, une transformation aussi radicale ne s'opère point avec des mots, ni d'un trait de plume, ni même par la volonté de travailleurs sincères. Le progrès marche quelquefois vite, mais toujours avec méthode, par degrés successifs. En brûlant les étapes, on risque de n'en franchir aucune. C'est pourquoi les coopératives de production demeurent en arrière. Elles ne pourront vivre que lorsque sera complète l'éducation économique de la classe ouvrière, laquelle est encore à faire, si toutefois elle est possible.

Il n'est donc point surprenant qu'à peine à l'épreuve, les mineurs sociétaires de Monthieux, malgré leur bonne volonté, malgré leur confiance et leur enthousiasme, aient offert le spectacle du désordre, de l'indiscipline et de l'anarchie. Leur éducation économique n'avait jamais commencé. Ils ne pouvaient, d'instinct, se plier aux principes, aux règles d'un *modus vivendi* auquel rien ne les avait préparés.

« Ce défaut d'éducation économique, écrit M. Charles Gide, ne permet à la classe ouvrière ni de trouver aisément dans ses rangs des hommes capables de diriger une entreprise industrielle, ni, en supposant qu'elle les trouve, de savoir les élire et les garder comme gérants, leur supériorité même devenant trop souvent une cause d'exclusion: ni enfin, en supposant même qu'elle accepte leur direction, de savoir leur assurer une part dans les produits proportionnelle aux services qu'ils rendent, la supériorité du travail intellectuel sur le travail manuel n'étant pas encore suffisamment comprise » (1).

L'exemple de la Mine aux Mineurs de Monthieux est la paraphrase éloquente des craintes formulées si franchement par l'apôtre même de la coopération.

A peine en possession de la mine, les mineurs sociétaires pensèrent qu'ils s'étaient affranchis de toute direction technique ou morale, en brisant le joug du patronat. Admettre une supériorité quelconque et s'y soumettre, leur semblait un retour à leur ancienne et humiliante condition de salariés. Ils entendaient bien avoir des ingénieurs, auxiliaires indispensables, il faut l'avouer, dans une industrie minière, mais ils entendaient aussi, n'étant plus leurs subordonnés, discuter

---

(1) Ch. Gide. Principes d'Economie politique, p. 694.

leurs opinions, contrôler leurs travaux, surveiller leurs recherches.

Si plus tard ils comprirent la nécessité de s'en rapporter à eux de la gestion technique, ils n'acceptèrent cette direction qu'à regret, et parfois des réclamations s'élevèrent au sein de l'assemblée générale moins persuadée que le Conseil d'administration de la nécessité d'une pareille soumission; de même, ils consentaient bien à s'imposer des gérants, des administrateurs, mais soumis au contrôle étroit et incessant d'une assemblée générale des ouvriers ayant la faculté (dont elle ne se priva pas au début tout au moins), de critiquer, révoquer, modifier suivant le bon plaisir de la majorité, loi suprême.

Enfin, quand ils ne s'attaquaient pas aux ingénieurs ou aux gérants, les mineurs sociétaires s'en prenaient à leurs pairs et le Conseil d'administration, comme l'assemblée générale, ont toujours eu à s'occuper plus que de la bonne marche de l'exploitation, de réclamations sans nombre, d'accusations infamantes ou de faits isolés d'indiscipline qui remplissaient les ordres du jour et les procès-verbaux.

Ces procès-verbaux des délibérations reflètent l'état d'esprit inquiétant dont nous venons de parler et qui, tout le long de sa courte existence entretint la Mine aux Mineurs dans une néfaste agitation.

Maintes fois nous avons eu l'occasion de parler de l'indiscipline, des réclamations sans nombre, des discussions intestines de toutes sortes qui s'élevèrent au sein de la société.

Nous avons vu spécialemeent quelle opposition rencontrèrent dans les débuts les ingénieurs qui se succédèrent à la Mine aux Mineurs.

Tel jour, la proposition de l'ingénieur Aroud de reprendre les travaux d'épuisement d'une fendue, est vivement critiquée par des ouvriers incompétents et n'est accueillie qu'après une discussion où les arguments d'ordre technique ou d'intérêt général sont les derniers à être pris en considération (1).

Plus tard, c'est l'utilité d'un plan important de recherches proposé par l'ingénieur Lapierre, qui est mise en discussion.

Aussi, la situation des ingénieurs devant la méfiance l'obstruction, les prétentions excessives, les exigences arbitraires des sociétaires, était-elle souvent intenable : La conséquence était que, ne pouvant arriver à se faire obéir, ils se voyaient contraints, malgré leur désir de contribuer à une tentative aussi intéressante de coopérative industrielle, de quitter la mine. De là un défaut d'unité dans la direction bien facile à s'imaginer; de là une part considérable des bénéfices engloutie dans d'incessantes transformations. Les plans dressés par ceux qui partaient demeuraient inachevés ou inexécutés; les nouveaux venus apportaient leurs méthodes dont la mise en pratique rendait inutiles les travaux antérieurs et les frais déjà exposés, et nécessitait des dépenses toujours nouvelles dont les sommes allaient

(1) Registre des Délibérations. Assemblée du 12 fév. 1893.

grossir les bilans inexplicables des pertes. Voilà pourquoi étaient si nombreux les « travaux neufs » souvent aléatoires et coûteux.

Ces perpétuelles hésitations à reconnaître la supériorité intellectuelle, et la nécessité de dirigeants appartenant à une classe sociale plus haute, seuls capables de mener à bien une entreprise délicate et complexe, ayant pour le moins autant besoin d'intelligence spécialisées que de bonnes volontés et de bons bras, ces hésitations constituaient une des faces de ce que M. Gide appelle « le défaut d'éducation économique » de la classe ouvrière.

Si les mineurs sociétaires de Monthieux n'acceptaient qu'avec tant de difficultés et tant de révoltes l'autorité nécessaire des hommes de l'art qui, malgré tout, leur en imposaient par l'intelligence et le savoir, à combien plus forte raison devait-il en être ainsi à l'égard des membres du Conseil d'administration et des surveillants, choisis par les ouvriers eux-mêmes et pris dans leurs rangs ? C'est ici surtout que les principes d'égalité et d'émancipation, semeurs d'anarchie et de discorde, eurent le pas sur la discipline et l'obéissance. On ne peut pas, en vérité, en faire aux mineurs de Monthieux un trop violent reproche, et il faut loyalement reconnaître que lorsqu'un appel était lancé à l'union, au désintéressement, à l'ordre, il était rare qu'il ne rencontrât pas quelque écho dans l'âme sincère de la plupart des ouvriers. Mais dans cette âme, encore inéduquée, inapte à une pareille entreprise, les meilleures dispositions n'avaient qu'une durée éphé-

14

mère : ils n'avaient pas fait l'apprentissage d'une indépendance dont ils abusèrent en l'essayant.

Aussi, peut-on dire qu'à chaque page du registre
des délibérations, le Conseil d'administration est pris
à partie par un ou plusieurs sociétaires mécontents.

Nous ne reparlerons pas ici des démêlés inextrica-
bles qui furent, au début, la lutte des Conseils rivaux et
qui donnèrent lieux aux multiples incidents et procès
que nous avons relatés plus haut (1).

Mais on peut encore citer quelques faits, entre tant
d'autres que nous devons négliger :

A l'assemblée du 13 novembre 1892, une des plus
paisibles, on s'occupe d'un fait d'indiscipline isolé,
mais grave : il s'agit d'un sociétaire qui avait menacé
le chef de poste d'un coup de hache et s'était livré
sur lui à des voies de fait. Empressons-nous de dire
que le coupable fut réembauché lors de l'assemblée suivante, on ne pouvait pas se passer d'un aussi excellent
travailleur. Ceette dernière assemblée, du 12 février
1893, profite de l'état prospère de l'entreprise pour y
mettre immédiatement obstacle en acceptant la discussion d'une proposition, signée d'un actionnaire influent,
tendant simplement à la révocation et à la mise en
accusation du président et d'un contrôleur pour des
fautes graves d'administration.

Le 14 mai 1893, les membres présents à l'assemblée générale en viennent presque aux mains au sujet

---

(1) Voir 3ᵉ partie, chap. I.

de la révocation de plusieurs actionnaires qui ont, les
uns, fait un procès à la société, les autres insulté l'administration.

Le 15 août de la même année, deux questions Lhe-
rissel et Bosquet déchaînent un tumulte indescriptible (1).

A l'ordre du jour de l'assemblée du 12 novembre,
est inscrite de nouveau une demande de déchéance du
président du Conseil d'administration et du secrétaire (2). On la repousse, mais cela ne ramène guère le
calme dans les esprits, et l'union parmi les sociétaires,
puisqu'à l'assemblée du 31 décembre 1893, une longue
et ardente discussion s'engage sur la radiation de neuf
membres qui ont fait du tumulte le quatre décembre,
et qui ont déposé une plainte calomnieuse contre le Conseil d'administration et le comptable (3). Le Conseil n'a
pas que des amis puisque, sur une centaine de votants,
quarante votent pour le maintien des coupables. Avec
une indiscipline aussi chronique, on ne devrait pas
s'étonner comme on le fait aux assemblées de 1894 et
de 1895 que la situation de l'entreprise soit de plus en
plus précaire et la ruine menaçante (4). On essaie bien
d'y remédier par des appels vibrants à la concorde et
d'énergiques résolutions pour résoudre les différends
et apaiser les conflits.

---

(1) Registre des Délibérations : 15 août 1893, p. 5.
(2) Idem, 12 et 17 novembre 1893, p. 15.
(3) Idem, 31 décembre 1893, p. 21.
(4) Assemblée : 4 novembre 1894, registre, p. 53 ; 31 mars
1895, p. 65 ; 8 septembre 1905, p. 73

Effectivement sous l'impulsion énergique du nouveau président Prud'homme, la Mine aux Mineurs semble prendre un essor nouveau, et un commissaire de surveillance peut annoncer à l'assemblée du 2 février 1895, que l'affaire se relève (1). Aussi, le 30 août, un certain nombre d'ouvriers s'empressent-ils de réclamer, soit une augmentation, soit le remboursement des avances sur les salaires (2). Les progrès sensibles de l'exploitation ne stimulent cependant pas la majorité des ouvriers, puisqu'à l'assemblée du 29 août 1897, M. l'ingénieur Lapierre, commissaire de surveillance déplore des faits d'indiscipline et la paresse générale (3). A cette époque le nombre des actionnaires est tombé de 138 à 78. La Mine aux Mineurs perd peu à peu son caractère de coopérative pour devenir une société ordinaire et formée de petits capitalistes. C'est, d'ailleurs, dans cette évolution qu'elle puise la force de prospérer et de se maintenir. Mais si l'anarchie peut être vaincue au dedans, les coups les plus terribles vont venir du dehors : la scission est complète entre les actionnaires qui, par une sorte de sélection naturelle, sont demeurés au poste et ont, pour se défendre, fermé la mine à tous venants, et l'immense masse des mineurs, stupéfaits et furieux de voir un essai de collectivisme industriel devenu une œuvre de patronat.

---

(1) Registre, p. 79.
(2) 30 août 1896, p. 86.
(3) Assemblée générale, 29 août 1897, p. 99.

Après les procès intentés, les pièges tendus par le syndicat des Mineurs de la Loire, ce sont les procès des auxiliaires dont nous avons narré les péripéties liées intimément à la vie de l'entreprise. A ces causes d'insuccès viennent s'ajouter de désastreuses conditions économiques. Les cris d'alarme, jetés par les commissaires de surveillance se font entendre à chaque assemblée (1). Les travaux neufs, trop considérables, ont absorbé les réserves; les dégâts à la surface imprévus ont accru les pertes; la clientèle est méfiante; les charbons baissent; le prix de revient à augmenté jusqu'à dépasser le prix de vente. Le malaise général qui s'est emparé de l'industrie trouve la Mine aux Mineurs impuissante à le surmonter. La lassitude, le découragement, vont de nouveau engendrer la révolte et l'anarchie et, symptôme inquiétant et instructif, lors du referendum qui eut lieu en juin 1908, dans le bassin de Saint-Étienne pour savoir si la grève serait déclarée, la Mine aux Mineurs fut la seule ayant donné une majorité pour la grève. C'est assez suggestif lorsqu'on songe que, parmi les cris d'enthousiasme poussés par les fondateurs de la Mine aux Mineurs, dominait celui-ci : « Plus de grèves !... »

*
* *

***

(1) Assemblée des 6 avril 1902, p. 168, et 6 déc. 1902. Rapports des commissaires de surveillance.

Et, en effet, la Mine aux Mineurs de Monthieux était
devenue, pendant les dernières années de son existence
éphémère, un singulier paradoxe. Elle dut emprunter
le caractère capitaliste dont elle avait été la négation,
et au lieu d'avancer, elle recula.

Il devait, au reste, en être ainsi, car les sociétés
coopératives de production se heurtent à des obstacles qui semblent impossibles à briser. Les moins dangereux sont ceux que nous venons d'examiner, savoir le
défaut de lumières et le défaut de discipline.

Certains estiment, en effet, que ceux-là peuvent se
vaincre. Cette confiance nous semble téméraire; mais
peut-être malgré tout, peut-on prévoir un avenir loin-
tain, où les ouvriers auront acquis et les lumières suffisantes, et l'esprit de discipline et de cohésion nécessaire
au succès de la coopération. Peut-être, peut-on plus
spécialement espérer que cette préparation à des fonctions nouvelles, cette éducation économique, cet
apprentissage de l'industrie démocratisée, seront facili-
tés ou complétés par l'usage plus répandu de la participation aux bénéfices, organisée de telle façon que les
ouvriers puissent devenir, peu à peu, du vivant du
patron, ses associés, et après sa mort, ses successeurs ?

A cet égard, les difficultés présentes que rencontre
la coopération ouvrière et en face desquelles la Mine
aux Mineurs de Monthieux s'est trouvée impuissante
ne sont peut-être pas insurmontables, et la faillite de la
tentative ne fournit pas une démonstration catégorique.

Mais si nous avons parlé de périlleuse chimère et de
conception irréalisable, c'est pour d'autres raisons dont

l'examen doit nous élever au-dessus de l'effort particulier qui a fait l'objet de notre étude.

Supprimer le vieil antagonisme du capital et du travail par la réunion dans les mêmes mains de l'un et de l'autre, c'est évidemment l'idéal. Mais l'idéal n'est pas de ce monde, et c'est prétendre l'impossible que prétendre obliger des ouvriers qui ont créé une industrie à force d'énergie, de persévérence et de labeur, à accepter comme égaux tant dans la co-propriété de l'entreprise commune que dans la répartition des bénéfices, tous ceux qui, un jour ou l'autre, voudraient y collaborer.

Parce qu'elle est une œuvre humaine, toute coopérative ouvrière de production finira par se fermer et par opposer au travail des nouveaux venus qu'elle embauchera comme simples salariés, le capital moral et matériel amassé par ses fondateurs, ou leurs successeurs immédiats. Les exemples d'une telle évolution à laquelle la Mine aux Mineurs de Monthieux n'a pas échappé, sont trop nombreux pour qu'on n'ait pas le droit de l'ériger en règle générale.

S'il faut admettre, en effet, que la véritable association de production, conforme aux statuts primitifs de celle dont nous venons de tracer l'histoire, est celle où toutes les actions composant le capital social appartiennent à des ouvriers de l'établissement et où tous les ouvriers sont actionnaires, il est impossible de trouver aujourd'hui, en France comme à l'étranger, une véritable association ouvrière de production.

Chez nous, les coopératives les plus célèbres, celles des bijoutiers et des lunetiers, sont devenues, en progressant, de pures et simples sociétés anonymes (1). Elles comptent un très petit nombre d'associés en face d'un grand nombre d'ouvriers salariés n'ayant aucune part dans les bénéfices.

En Angleterre, un exemple célèbre est celui des « Équitables Piônniers de Rochdale » qui avaient créé, en 1856, une filature de coton coopérative. L'entreprise prospéra rapidement, mais précisément, le succès lui fit perdre son caractère coopératif. Elle devint une société de capitaux et en arriva à ne plus occuper que des salariés ordinaires, sans participation aux bénéfices (2).

D'ailleurs, en Grande-Bretagne, qui est bien le pays par excellence de la grande industrie, cette dégénérescence de la société coopérative de production en vulgaire société de capitaux, est le cas normal. Sur les trente filatures coopératives, dites Coopératives d'Oldham, et les cinquante-quatre sociétés diverses de production, fondées par des groupements d'ouvriers, qu'a étudiées un écrivain connu, Miss Potter, huit seulement lui ont paru se rapprocher d'assez loin d'ailleurs, de l'idéal coopératif et les autres ont résolument écarté les ouvriers des conseils d'administration, des déli-

(1) Gide : De la Coopération et ses transformations, p. 18, note.
(2) C. Revue des Deux-Mondes, 1893, p. 564 et 5. Article
(2) Cf. Revue des Deux-Mondes, 1893, p. 564 et 5. Article de M. Leroy-Beaulieu.

bérations et du partage des bénéfices. Une remarque générale faite par leur historien, est que ces sociétés s'éloignent d'autant plus et d'autant plus vite du type coopératif qu'elles réussissent mieux. Aussi, le président du Congrès coopératif de 1891, M. A.-H. Dyke Acland, membre du Parlement anglais, a-t-il pu justement affirmer que : l'idéal de la Société coopérative de production, où tout le capital est possédé par des ouvriers, est considéré comme une impossibilité, sauf dans des cas très rares. »

Parmi ces rares exceptions, vaguement annoncées, il ne faut pas, nous le savons, comprendre la Mine aux Mineurs de Monthieux. Elle a suivi la pente commune et dû revêtir la forme capitaliste qu'elle se proposait d'éliminer.

Il ne faut pas, sans doute, attacher à l'expérience tentée à Saint-Etienne, plus d'importance qu'elle n'en mérite, ni prétendre tirer de sa réussite éphémère ou de son échec, une démonstration pour ou contre la possibilité d'une rénovation économique. Mais on en peut déduire certaines leçons qui apportent une contribution précieuse à l'étude générale de l'évolution ouvrière. Contrairement aux espérances fondées sur elle, la Mine aux Mineurs n'a réalisé aucun progrès. Aussi bien dans sa vie que dans sa chute, elle a porté une grave atteinte à la doctrine socialiste, adversaire du capital, puisqu'elle a démontré, au moins cela, qu'elle n'a pu vivre et qu'elle n'aurait pu prospérer qu'en renonçant à ce qui était son essence, sa raison d'exister : la forme coopérative.

Nous avons eu l'occasion d'en faire la preuve; l'esprit et la lettre des statuts primitifs donnaient à tout ouvrier embauché à la Mine le droit de se considérer comme actionnaire, comme sociétaire. Dans cette variabilité indéfinie du personnel et du capital réside bien d'ailleurs le signe caractéristique de l'association coopérative. Les circonstances de la création de l'entreprise, la forme adoptée, ne pouvaient, pour personne, laisser de doute sur la portée du pacte social.

Nous avons vu quelles brèches y furent pratiquées par les jugements de 1895 et de 1901, lors du procès des auxiliaires, et comment furent méconnues les intentions des fondateurs de créer une entreprise collective.

Pourquoi donc la justice a-t-elle ainsi favorisé un tel recul en arrière en permettant à un petit nombre d'ouvriers sociétaires de devenir de véritables patrons en excluant les autres ? C'est évidemment que le salut de l'entreprise était à ce prix.

Les faits journaliers d'insubordination, d'indiscipline et d'anarchie que nous avons signalés avaient trop clairement montré, dès les premiers jours, quel abîme existait entre le rêve et la réalité, la théorie et l'application. Respecter les principes, consacrer jusque dans ses extrêmes conséquences le pacte social, c'était ouvrir la porte de la Mine aux Mineurs à tous les éléments de discorde, vouer par là même l'œuvre entière à une mort rapide et certaine. Les magistrats auxquels fut soumis le délicat problème étudié plus haut, n'avaient point eu de peine à le discerner, et les événements postérieurs à leur décision vinrent pleinement confirmer leurs prévisions.

La Mine aux Mineurs ne dut sa prospérité relative qu'à un double fait : la *diminution progressive* du nombre des sociétaires qui permit à un Conseil d'administration, surtout à un président énergique, d'assurer l'unité de direction, et l'*exclusion systématique* des délibérations et du partage des bénéfices des ouvriers embauchés qui devenaient ainsi des salariés ordinaires. Mais, est-il besoin de répéter qu'on ne se trouvait plus, par suite de cette transformation, en présence d'une société coopérative de production, mais bien d'une association de petits capitalistes engageant des salariés (1). L'expérience tentée en faveur de l'émancipation et de la suppression du salariat avait abouti en sens inverse. Le progrès, tant attendu et si bruyamment prédit, s'était réalisé à rebours. Non seulement l'antagonisme du capital et du travail n'avait pas disparu, mais la nécessité du premier s'était, une fois de plus, affirmée au détriment du second.

L'essai de production en commun, sans patronat, tenté à Saint-Etienne, était d'autant plus prématuré et illusoire qu'il s'agissait d'exploiter une *grande industrie* à laquelle la classe ouvrière est moins encore préparée qu'à toute autre.

_____

(1) Tout le monde avait, en effet, l'impression très nette que la Société ne pouvait fonctionner avec tant de sociétaires, et qu'une solution différente au deuxième procès des auxiliaires l'aurait ruinée.

La petite industrie peut s'accommoder plus volontiers de la coopération. Les capitaux y sont moindres, constitués parfois par l'épargne des fondateurs. Plus restreinte, la clientèle est plus facile à trouver, plus stable et plus fidèle. Peu nombreux, les sociétaires peuvent posséder assez de connaissances techniques, assez de bonne volonté, assez d'union, pour mener à bien l'entreprise commune. Les exemples de pareilles associations prospères ne sont pas rares, et ne datent ni d'aujourd'hui ni d'hier. Au XVIIIᵉ siècle déjà, il en fleurissait un peu partout sur le sol de France, de ces groupements d'ouvriers d'élite, obtenant des propriétaires du sol des droits d'exploitation, exploitant des affleurements, et créant eux-mêmes leur industrie; ce n'était pas, à proprement dire, des coopératives, puisque le personnel n'en variait point. Elles offraient néanmoins le spectacle instructif de travailleurs s'élevant progressivement, par leurs seuls efforts, leur initiative et leur concorde, de la classe des salariés à celle des patrons, des petits bourgeois.

La Mine aux Mineurs de Gier n'était, elle-même, pas autre chose. Aussi, ne faut-il voir en elle qu'un précédent très éloigné et fort relatif de la Mine aux Mineurs de Monthieux. Tandis que la première était l'œuvre isolée, sans aucune prétention ni portée socialiste, de quelques ouvriers s'unissant pour travailler en commun, la seconde constituait une expérience en quelque sorte solennelle tendant à mettre en commun, à démocratiser la grande production. Il y a de l'une à l'autre la différence qui sépare un atelier coopératif d'une société anonyme moderne.

Aussi, est-il nécessaire d'établir ici un rapide pa-rallèle.

a) Au point de vue de l'exploitation et du gîte, ceux de la Mine du Gier étaient rudimentaires. On n'y pro-cédait guère que par fendues. Le seul puits de la Mine du Gier, le puits Séverine, du nom de sa bienfaitrice et historienne, était un puits d'ancienne, très ancienne manière, cédé par la Compagnie en liquidation : vestige des puits non guidés des âges reculés.

A Monthieux, au contraire, nous sommes en pré-sence d'une organisation et d'une exploitation ultra-modernes avec tous les perfectionnements et les plus minutieuses complications. N'est-ce pas, à cet égard, en dire assez que de dire que le seul capital-matériel laissé à la coopérative par la société amodiataire pri-mitive était estimé à plus de trois millions ? Il ne fallait pas que des bras ou des bonnes volontés pour mener à bien une pareille entreprise.

b) Le recrutement et l'esprit du personnel présen-taient, dans les deux Mines aux Mineurs, d'aussi notables différences. Tandis qu'à Gier, c'est un petit groupement de travailleurs paisibles, demi-ruraux, attachés au sol, sans parti-pris politique, sans arrière-pensée sociale, qui met en pratique l'idée émise par quelques-uns d'en-treprendre en commun des recherches dans les gale-ries de mines abandonnées par la Compagnie patronale de Rive-de-Gier; à Monthieux, c'est l'exécution d'un véritable programme d'émancipation prolétarienne. On y veut vivre un rêve, faire une grande démonstration en faveur du travail contre le capital. C'est une expé-

rience solennelle sur laquelle sont fixés les yeux du
monde officiel, des sociologues, des économistes et des
savants.

Il s'agit d'essayer un instrument de guerre destiné
à vaincre à jamais le monopole bourgeois dans la direction des grandes industries. La Mine aux Mineurs sera
le refuge naturel des vaincus de la lutte anti-patronale.
Aussi les principaux effectifs seront-ils composés surtout d'hommes de combat, apôtres véhéments de la
rénovation collectiviste. La nature et l'esprit de ce
personnel nouveau et novice n'étaient pas des garants
bien sûrs du succès.

c) La formation du capital-argent se ressentit nécessairement de l'atmosphère ayant entouré la naissance
de l'entreprise. Pour les mineurs du Gier, le capital-
Argent était dû, pour la plus grande part, à l'épargne
personnelle des fondateurs eux-mêmes, ce qui était,
évidemment, le meilleur stimulant pour le faire fruc-
tifier dans l'ordre, et pour diriger vers le même but
le concours harmonieux de tous les efforts.

A Monthieux, c'est de l'extérieur que viennent les
fonds nécessaires à la constitution des actions. Les
subventions affluèrent à la Mine aux Mineurs. Quel-
ques-unes, nous le savons, s'arrêtèrent en route. Mais
les soixante mille francs précisés par les statuts comme
formant le capital minimum de mise en marche, étaient
le fruit de souscriptions. Les actionnaires, sans faire
aucun apport, reçurent une part du capital versé, réduit ainsi au rang de salaire : cela paraissait parfait
au début. Pourtant, nous avons vu à quelles innom-

brables difficultés et à quels singuliers conflits cette
origine du capital-argent devait donner lieu entre la
Mine aux Mineurs évoluant vers la forme de société
capitaliste et le Syndicat des mineurs de la Loire, ini-
tiateur de l'œuvre, protestant contre une pareille dé-
viation et qui, ayant indirectement apporté l'argent,
avait, il faut l'avouer, quelques bonnes raisons de protester.

d) Notons enfin une dernière différence sensible entre
la Mine du Gier et celle de Monthieux dans l'organisation des pouvoirs. Ce qui frappe, en étudiant la première, c'est la simplicité des rouages, la hiérarchie
rudimentaire et l'égalité absolue existant entre les sociétaires. Au contraire, l'amplitude toujours croissante
des collaborations nécessaires, la diversité des fonctions, la nécessité d'organiser l'administration, la surveillance, les assemblées sur le modèle des exploitations patronales, multiplièrent, pour la Mine de Monthieux, les obstacles et les dissensions intérieures.

Si elle ne put surmonter victorieusement tant de
crises, c'est qu'elle était bien mal préparée à son rôle
de grand producteur, et son exemple a montré de lumi-
neuse façon, *l'impossibilité*, suivant l'expression de
M. Leroy-Beaulieu, de faire de la coopération en matière de grande industrie, et plus spécialement en matière de grande exploitation minière.

*
* *

Peut-on espérer qu'un jour brille enfin, où, après tant d'efforts infructueux, la coopérative de grande production puisse devenir une forme normale d'industrie ?

Ainsi, cette étude se terminera par une question plus facile à poser qu'à résoudre. Il faut, en effet, se garder du scepticisme comme de l'enthousiasme.

Les partisans directs ou indirects des doctrines socialistes, qui s'accommodent plus volontiers de rêves que de réalités, ne doutent pas de la possibilité d'une pareille réforme économique.

L'évolution des peuples, disent-ils, ne saurait jamais s'arrêter à une forme définitive, et le régime du salariat n'est qu'une catégorie historique, comme l'ont été l'esclavage et le servage. Le travail salarié disparaîtra à son tour pour faire place au travail sssocié.

Pour les uns, c'est là le but définitif, et ils ne rêvent pas autre chose que « l'association intégrale faisant place à la domination patronale; intégrale, c'est-à-dire libre, complète, embrassant la répartition aussi bien que la production, et dans laquelle chacun aura la claire conscience qu'il fait partie d'une œuvre collective et la ferme volonté d'y coopérer » (1).

D'autres n'y voient qu'un régime transitoire, acceptable pour un temps, et qu'il faut rechercher jusqu'à ce qu'enfin soit survenue l'ascension collective des masses ouvrières à la propriété collective.

---

(1) Gide : Principes d'économie politique, p. 190.

Ce sont là de graves problèmes que nous n'osons entreprendre de résoudre.

Mais nous persistons à penser que trop d'obstacles matériels ou moraux s'opposent encore aujourd'hui au succès des coopératives de grande production. La tentative de Monthieux s'est brisée à des écueils qui en avaient brisé et qui en briseront bien d'autres. Elles supposent, en effet, un capital d'intelligence et un fonds considérable de vertus morales, plus difficiles à trouver que l'argent et à acquérir que les connaissances techniques. Les fabriques coopératives ne peuvent prospérer qu'avec une discipline austère de couvent, et nous ne croyons pas qu'il soit jamais possible de l'obtenir.

Au reste, plus que toutes les théories, c'est un sentiment très simple, mais éternel parce qu'il est humain, qui contraindra toujours les coopératives à être non pas un but, mais un instrument de transition, et de transition non à la propriété collective, mais à la propriété individuelle.

L'exemple de Monthieux nous a donné, à cet égard, de précieux enseignements. Dès que le sentiment de propriété, toujours latent chez les individus, se fut révélé aux ouvriers de la première heure, ils devinrent des patrons et ils prirent des salariés. A ceux qui, au nom des principes, protestaient, ils répondirent, au nom d'autres principes, qu'ils avaient par leurs efforts « conquis » un droit « exclusif » à la propriété du sol et des instruments de production. Partis en apôtres du collectivisme, ils en étaient devenus les ennemis.

Il en sera ainsi tant qu'il y aura des hommes. Dès qu'ils ont quelque chose à perdre, ils sont conservateurs.

Voilà pourquoi, si ce n'était les funestes conséquences matérielles qu'elle emporte, la coopérative de grande production nous apparaîtrait plutôt comme un bienfait que comme un danger; bienfait contre l'envahissement du collectivisme révolutionaire, source permanente de troubles, et contre le socialisme d'Etat qui paralyse la production en étouffant les initiatives. Car elle est, en définitive, une faculté d'accéder à la propriété.

Et l'accession sans cesse facilitée, de tous au droit salutaire de propriété, n'est-ce pas la solution, sinon la plus héroïque, du moins la plus simple de la question sociale, le plus sûr levier pour maintenir l'équilibre entre les classes ouvrière et bourgeoise ?

Par l'histoire de sa vie, comme par les enseignements de sa chute, la Mine aux Mineurs de Monthieux nous aura donné au moins cette précieuse leçon.

ANNEXES

ANNEXE I

HOUILLÈRES DE MONTHIEUX

SOCIETE STEPHANOISE DE LA MINE AUX MINEURS

Société française à capital et personnel variables

STATUTS

TITRE PREMIER

FORMATION ET OBJET DE LA SOCIÉTÉ DÉNOMINATION. — SIEGE. — DURÉE

ARTICLE PREMIER. — Il est formé par ces présentes une Société anonyme à capital et personnel variables, entre tous les propriétaires des actions ci-après créées et ceux qui le deviendront ultérieurement en venant travailler à la mine, à l'extérieur ou à l'intérieur

La Société sera composée exclusivement d'ouvriers mi-

neurs qui deviendront titulaires chacun d'une action en
étant embauchés à la mine, tant à l'extérieur qu'à l'intérieur, et qui cesseront de faire partie de la Société s'ils
quittent son service sans autorisation du Conseil d'administration.

Ils sont représentés aux présentes par :

MM. Perrin,	MM. Violet,
Heurtier,	Caillot,
Mary,	Exbrayat,
Plotton,	Martin,
Giraud,	Villemez,

soussignés, leurs délégués nommés en assemblée publique
ouverte à tous les mineurs, à la date du 3 septembre 1890.

Cette Société sera régie par les articles 48 et suivants
de la loi du 24 juillet 1867, et par l'ensemble de cette loi.

Art. 2. — Cette Société a pour objet : l'exploitation, par
les ouvriers associés à divers titres en vertu des présentes, des Houillères de Monthieux et de toute autre Houillère, la vente de la houille, la fabrication des cokes et
agglomérés et toutes opérations commerciales et industrielles pouvant intéresser la Société et se rattachant à
la houille, l'acquisition de cette houillère et de son matériel, tel que le tout a été verbalement promis en vente
par les liquidateurs de la Société de Monthieux, dans les
termes suivants :

« M. Eugène Pauly, avoué près le Tribunal civil de
Saint-Etienne, demeurant en ladite ville, rue Camille-
Colard,

« Tant en son nom que comme mandataire de M. Jules
Jacques, chef de contentieux, demeurant à Paris, rue de
Rennes, 71, suivant pouvoir régulier déposé au notaire
Fessy-Moyse, le 31 juillet dernier.

« MM. Jacques et Pauly, agissant comme liquidateurs
de la Compagnie Houillère de Monthieux-Saint-Etienne.

« M. Pauly, ès-qualités, s'oblige à vendre, d'ici au
30 novembre prochain, à une Société anonyme à capital
et personnel variables, ayant son siège à Saint-Etienne
et au capital minimum de soixante mille francs, au moment
de la constitution, laquelle Société aura le droit d'acquérir, d'ici au 30 novembre prochain, terme de rigueur :

« Tous les objets, meubles et immeubles et matériel,

droits quelconques compris sous la dénomination de *premier lot* dans le cahier des charges dressé le 17 août dernier par le notaire Fessy-Moyse duquel cahier des charges il a été donné connaissance entière et détaillée.

« Les seules modifications apportées au cahier des charges sont les suivantes :

« La charge de l'affaire Gras, n° 782 du chapitre 7, est supprimée et demeure au compte de la liquidation.

« Les acquéreurs prennent à leurs périls et risques le procès Pacalon, commencé par ledit Pacalon (pour dégâts à la surface) depuis quelques jours.

« L'article 10 des charges et conditions générales, relatif aux hypothèques, lesquelles restent à la charge de la liquidation, est supprimé.

« Enfin, le matériel compris dans l'état déposé à M. Fessy-Moyse, et faisant partie de la vente ci-énoncée sera pris dans l'état où il se trouvera le jour de la vente, sans aucune garantie de qualité ou de quantité.

« L'entretien de la mine jusqu'au jour de la vente définitive est à la charge de la liquidation.

« La vente sera faite moyennant le prix de dix mille francs, que les acquéreurs paieront comptant le trente novembre prochain, jour où ils prendront possession à la mine et où toutes les charges leur incomberont définitivement, toutes les charges jusqu'à cette date restant à la liquidation. »

ART. 3. — La Société prend la dénomination de « Houillères de Monthieux, Société Stéphanoise de la Mine aux Mineurs ». Son siège social est à Saint-Etienne, à Monthieux, dans les bureaux de la mine.

ART. 4. — La durée de la Société est illimitée, ainsi que le nombre des associés.

Elle ne prend pas fin par la sortie, le décès, l'interdiction ou la radiation d'un ou de plusieurs associés, puisqu'elle recrute incessamment de nouveaux membres.

Elle continue donc de plein droit entre les autres sociétaires.

Elle ne peut prendre fin que par le vote d'une majorité représentant les neuf dixièmes des actions, mais en cas de perte des trois quarts du capital social, la disso-

lution pourra avoir lieu conformément à l'article 37 de
la loi du 24 juillet 1867. .

TITRE II

FONDS SOCIAL. — ACTIONS

ART. 5. — Le capital est fixé au minimum de soixante
mille francs divisé en six cents actions de cent francs
chacune.

Le montant des six cents actions à souscrire devra
être versé entre les mains d'un ou des banquiers de la
Société, par les souscripteurs, savoir : Le premier dixième
en souscrivant, et le surplus dans les délais et conditions
que déterminera le Conseil d'administration.

Il sera fait face au paiement, tant du premier dixième
que du solde, au moyen des fonds provenant des souscriptions actuellement ouvertes auprès des pouvoirs publics,
de la presse ou des particuliers.

Chaque action sera libérée d'une somme égale.

Si le montant des souscriptions est supérieur à soixante
mille francs, il sera créé autant d'actions nouvelles qu'il
y aura de fois cent francs en plus.

Ces actions seront réparties entre les fondateurs de
la Société pour recevoir la destination qui sera fixée ci-
après.

En cas d'insuffisance des fonds de la souscription, des
appels ultérieurs de fonds seront annoncés un mois avant
l'époque fixée pour chaque versement.

Chaque actionnaire ne pourra pas être titulaire de
plus d'une action. Il est fait exception pour les fondateurs
de la Société qui, actuellement, peuvent être titulaires
de plusieurs mais qui devront les transférer au fur et à mesure que de nouveaux ouvriers seront embauchés, au nom
de ces nouveaux ouvriers. Chaque nouvel ouvrier devra
être agréé par le Conseil d'administration. Chaque ouvrier
actionnaire venant à quitter la mine, c'est-à-dire la Société,
son action fait retour de plein droit à la Société et est
replacée sur la tête d'un autre ouvrier mineur travaillant
à la mine sociale, par ordre d'ancienneté.

La Société ne sera définitivement constituée qu'après la

souscription des six cents actions, le versement du dixième de leur montant et l'accomplissement des autres formalités prescrites par la loi.

ART. 6. — Chaque action donne droit à une part égale dans la propriété de l'actif social et dans les bénéfices dans les termes des articles 41 et 42.

ART. 7. — Les actions seront nominatives, conformément à l'article 50 de la loi du 24 juillet 1867.

La propriété des actions est établie par l'inscription sur les registres de la Société.

Les actions sont extraites d'un registre à souche et numérotées de un à six cents. Elles sont frappées du timbre de la Société et revêtues de la signature de deux administrateurs.

ART. 8. — La cession des titres nominatifs a lieu par une déclaration de transfert inscrite sur les registres de la Société, et signée du cédant et du cessionnaire ou de leurs mandataires, et visée par un membre du Conseil d'administration.

Le cessionnaire devra être agréé par le Conseil d'administration qui statuera sur toutes les demandes de transfert dans chaque réunion.

ART. 9. — Le Conseil d'administration pourra exiger le dépôt sans frais de ces titres dans la caisse sociale ou dans toute autre caisse qu'il jugera convenable ; il déterminera dans ce cas, la forme des certificats de dépôt et le mode de leur délivrance.

ART. 10. — Les actions sont indivisibles à l'égard de la Société qui ne reconnaît qu'un seul propriétaire pour chaque action.

ART. 11. — Les dividendes des actions sont payés au porteur du titre.

ART. 12. — Les droits et obligations attachés à l'action, suivent le titre dans quelque main qu'il passe. La propriété d'une action emporte de plein droit adhésion aux statuts de la Société.

ART. 13. — En cas de perte d'un titre, la Société ne peut être tenue d'en délivrer un nouveau que moyennant caution, dont le Conseil d'administration déterminera les conditions. Ce nouveau titre sera délivré six mois seulement après que la déclaration de perte aura été insérée dans un des journaux d'annonces légales du siège social.

ART. 14. — Le capital pourra à toutes les époques être augmenté en vertu d'une décision de l'assemblée générale convoquée à cet effet, ou réduit.

Cette assemblée déterminera les clauses et conditions de cette augmentation ou de cette réduction.

Le capital ne pourra être réduit au-dessous de six mille francs ou du dixième du capital s'il est supérieur à soixante mille francs conformément à l'article 51 de la loi du 24 juillet 1867.

TITRE III

DE L'ADMINISTRATION DE LA SOCIÉTÉ

ART. 15. — La Société est administrée par un conseil de neuf membres au moins et onze au plus

Les administrateurs de la Société seront propriétaires d'une action.

Cette action est affectée à la garantie de leur gestion et reste inaliénable pendant la durée des fonctions de son propriétaire. Elle est frappée d'un timbre indiquant l'inaliénabilité et déposé dans la caisse sociale et après l'apurement définitif du compte de gestion par l'assemblée générale, l'action déposée par l'administrateur sortant, décédé ou démissionnaire, lui sera remise et la mention d'inaliénabilité sera annulée par la signature de deux membres du Conseil d'administration et mention de cette annulation sera insérée au procès-verbal.

ART. 16. — Les administrateurs sont nommés par l'assemblée générale des actionnaires, leurs fonctions durent cinq années.

ART. 17. — A l'expiration du délai fixé pour la durée des fonctions du premier Conseil d'administration, il sera procédé par l'assemblée générale, à la nomination des administrateurs qui, à partir de cette époque, se renouvelleront par tiers de deux ans en deux ans.

Par les deux premières applications de cette disposition, le sort indiquera l'ordre de sortie ; le renouvellement aura lieu ensuite par ancienneté.

ART. 18. — Les administrateurs sortants peuvent toujours être réélus.

En cas de vacances par suite de décès, démissions ou autres causes d'un ou de plusieurs membres, le Conseil peut pourvoir au remplacement du ou des anciens administrateurs et l'assemblée générale, lors de sa première réunion, statue sur la nomination définitive.

Le ou les administrateurs ainsi nommés ne restent en exercice que jusqu'à l'époque où devaient expirer les fonctions de celui qu'ils remplacent.

ART. 19. — Les administrateurs reçoivent pour l'administration de la Société cinq pour cent des bénéfices conformément à l'article 41 ci-après.

ART. 20. — Chaque année, le Conseil nomme parmi ses membres, un président, deux vice-présidents et un secrétaire qui sont rééligibles indéfiniment.

ART. 21. — Le Conseil d'administration se réunit au siège social en conformité d'un règlement intérieur arrêté par lui ou sur la convocation de son président, aussi souvent que l'exige l'intérêt de la Société.

La présence de sept membres au moins est nécessaire pour la validité des opérations.

Les décisions sont prises à la majorité des membres présents, et en cas de partage des voix, celle du président est prépondérante.

Nul ne peut voter par procuration dans le Conseil d'administration.

ART. 22. — Les délibérations du Conseil d'administration sont constatées par des procès-verbaux, inscrits sur un registre tenu au siège de la Société.

Ce registre est signé par les administrateurs qui ont pris part à la délibération. Les copies ou extraits de ces délibérations à produire en justice ou ailleurs, sont certifiés et signés par le président du Conseil d'administration, ou par l'un des administrateurs.

ART. 23. — Le Conseil est investi des pouvoirs les plus étendus pour la gestion et l'administration de la Société.

Il a notamment les pouvoirs suivants qui ne sont qu'indicatifs mais non limitatifs de ses droits :

Il représente la Société vis-à-vis des tiers et de toutes administrations publiques et privées, dans toutes circonstances et pour tous règlements quelconques ; il fait et autorise les actes de toute nature que peuvent nécessiter les opérations de la Société.

Il autorise tous retraits, transports, cession de créances, ainsi que tous transferts et aliénations de fonds et valeurs appartenant à la Société et donne toutes quittances et décharges, détermine le placement des fonds disponibles.

Il fait tous achats, échange, location et vente d'usines, passe tous marchés ou traités.

Il traite, transige et compromet sur tous les intérêts de la Société, exerce toutes actions judiciaires.

Il règle les dépenses générales d'administration et arrête tous règlements relatifs à l'organisation des services.

Il arrête les comptes qui doivent être soumis à l'assemblée générale ; fait un rapport sur ces comptes, sur la situation des affaires sociales, et propose la fixation du dividende à répartir.

Il réalise et signe tous actes de vente, notamment celui de la mine de Monthieux et du matériel promis en vente par les liquidateurs.

Il soumet, s'il y a lieu, à l'assemblée générale, toutes propositions de cession de la Société, d'augmentation ou de réduction du capital, de fusion avec d'autres Sociétés, de modifications ou d'additions aux statuts et de prolongation ou de dissolution de la Société.

Il fait exécuter les décisions de l'assemblée.

Il statue, en un mot, sur tous les intérêts qui rentrent dans l'administration de la Société, et a pour cela tous les droits et pouvoirs les plus étendus sous les seules restrictions qui résultent des présents statuts.

Il peut déléguer tout ou partie de ses pouvoirs à un

o'i plusieurs de ses membres ou à toute autre personne en dehors du Conseil pour un objet déterminé.

Il statue sur les transferts d'actions.

Art. 24. — Le Conseil d'administration peut, pour l'expédition et la gestion des affaires sociales et l'exploitation, investir un ou plusieurs membres du mandat d'administrateur délégué ou choisir, s'il le préfère, un délégué étranger à la Société.

Dans les divers cas, le Conseil d'administration déterminera, par une délibération spéciale, les attributions et le traitement des personnes qu'il se sera ainsi substitué et les garanties à fournir par elle.

Il pourra allouer à titre de salaire, à tout administrateur délégué, un traitement spécial en dehors de la part d'intérêts.

Il lui sera adjoint un ingénieur délégué à l'exploitation pour diriger et surveiller les travaux techniques.

L'ingénieur délégué est sous les ordres directs du Conseil d'administration.

TITRE IV

COMMISSAIRE DE SURVEILLANCE

Art. 25. — Il est nommé, chaque année, en Assemblée générale, un ou plusieurs commissaires, associés ou non, conformément à la loi du 24 juillet 1867.

Leurs fonctions durent un an. Ils sont toujours rééligibles.

Ils sont chargés de remplir la mission de surveillance prescrite par la loi.

Art. 26. — Les commissaires se réunissent dans les bureaux de la Société, toutes les fois qu'ils le jugent convenable et vérifient l'état qui doit être dressé chaque semestre de la situation active et passive de la Société.

Les commissaires font un rapport à l'Assemblée générale annuelle des actionnaires sur la situation financière de la Société, sur le bilan et les comptes présentés par le Conseil d'administration.

Ils doivent déposer ce rapport entre les mains du Conseil vingt jours avant la réunion.

ART. 27. — Il est alloué aux commissaires une rémunération dont l'importance est fixée chaque année par l'Assemblée générale.

TITRE V

ASSEMBLEE GÉNÉRALE

ART. 28. — L'assemblée générale se réunit de droit chaque année dans le courant du premier semestre.

Les actionnaires et les sociétaires peuvent, en outre, être convoqués en assemblée générale par le Conseil d'administration lorsqu'il le juge utile.

Les réunions ont lieu au siège social.

Les convocations aux assemblées générales, sauf ce qui sera dit pour la convocation de la première assemblée générale, doivent être faites par un avis inséré vingt jours au moins avant l'époque de la réunion, dans le journal annoncé à l'article 6.

Les avis de convocation devront indiquer l'objet de l'assemblée et l'ordre du jour devra être tenu au siège social, à la disposition des actionnaires, sept jours au moins avant la réunion.

ART. 29. — L'Assemblée générale se compose de tous les sociétaires sans exception.

Nul ne peut voter par procuration dans l'Assemblée générale.

Les propriétaires d'action doivent, pour avoir le droit d'assister à l'Assemblée générale, déposer leurs titres dans les caisses désignées par le Conseil d'administration, quinze jours au moins avant l'époque fixée pour la réunion.

Il est remis à chaque déposant une carte d'entrée nominative et personnelle qui constatera le dépôt.

ART. 30. — L'Assemblée générale ordinaire est régulièrement constituée lorsque les membres présents possèdent le quart du capital social.

Si les actions déposées dans les délais prescrits par l'article 29 ne représentent pas le quart au moins du capital social, il est procédé immédiatement à une seconde convocation et la réunion pourra n'être que de quinze jours. Le délai entre le dépôt des titres et la réunion serait alors réduit à huit jours.

Le certificat de dépôt délivré pour la première assemblée est valable pour la seconde.

Dans cette seconde réunion, l'Assemblée générale délibère valablement, quel que soit le nombre des membres présents et des actions représentées, mais seulement sur les objets portés à l'ordre du jour de la première Assemblée.

ART. 31. — Par exception, lorsque l'Assemblée générale est appelée à délibérer sur la cession de la Société, l'augmentation ou la réduction du capital social, sur des modifications aux statuts, sur la prorogation ou la dissolution anticipée de la Société elle n'est régulièrement constituée et ne délibère valablement qu'autant qu'elle est composée d'un nombre d'actionnaires représentant au moins les trois quarts du capital social.

Si, sur une première convocation, l'Assemblée n'avait pu se constituer dans ces conditions, huit jours au moins après la date fixée pour la première réunion, une nouvelle Assemblée sera convoquée dans les mêmes formes et délais que la première.

Cette seconde Assemblée ne pourra également délibérer valablement que si les actionnaires présents ou représentés sont propriétaires de la moitié au moins du capital social.

ART. 32. — L'assemblée générale nomme les administrateurs et désigne le ou les commissaires de surveillance dans les conditions prescrites par les statuts.

Elle détermine les indemnités à allouer aux commissaires.

Elle entend les rapports du Conseil d'administration sur les affaires sociales, ainsi que ceux des commissaires.

Elle discute, approuve ou rejette les comptes qui lui sont présentés par les administrateurs et leur donne quitus de leur gestion.

Elle fixe, sur la présentation du Conseil, les dividendes à répartir et l'emploi des fonds de réserve.

Elle peut apporter aux statuts toutes les modifications ou additions dont l'utilité serait reconnue.

Elle autorise la cession de la Société, l'augmentation ou la réduction du fonds social, son amortissement total ou partiel avec les bénéfices, par voix du sort ou autrement.

Elle prononce la dissolution anticipée de la Société.

Enfin, elle délibère et statue souverainement sur tous les intérêts de la Société.

Elle décide, à la majorité fixée pour la modification des statuts, que l'un ou plusieurs des associés cesseront de faire partie de la Société, conformément à l'article 52 de la loi du 24 juillet 1867.

Elle confère au Conseil d'administration tous pouvoirs nécessaires pour les cas qui n'auraient pas été prévus par les présents statuts.

ART. 33. — L'ordre du jour des assemblées générales est arrêté par le conseil d'administration.

Il n'y pourra être mis en délibération que les propositions émanant du Conseil d'administration ; celles encore qui aurait été communiquées au Conseil huit jours au moins avant la réunion, pourvu toutefois que ces dernières soient signées par un nombre d'actionnaires représentant le dixième du capital social.

ART. 34. — L'assemblée est présidée par le président du Conseil d'administration ou, en son absence, par un des vice-présidents ou par un administrateur spécialement délégué par le Conseil.

Les fonctions de scrutateurs sont remplies par deux sociétaires désignés par l'assemblée.

Le bureau ainsi constitué désigne le secrétaire.

Une feuille de présence contenant les noms et domiciles des actionnaires présents à l'assemblée et les numéros des actions dont chacun est porteur, est certifiée par le bureau et annexée au procès-verbal pour être communiquée à tout actionnaire.

ART. 35. — Dans toutes les assemblées générales, les

délibérations seront prises à la majorité des membres présents à une voix par membre, c'est-à-dire par action.

Le nombre des membres présents est constaté sur la carte d'admission et sur la feuille de présence.

Le scrutin secret a lieu toutes les fois que la demande en est faite par cinq actionnaires. En cas de vote au scrutin secret, chaque membre de l'assemblée, à l'appel de son nom, présente son vote en un pli fermé.

ART. 36. — L'assemblée générale régulièrement constituée représente l'universalité des sociétaires.

Les délibérations prises, conformément aux statuts sont obligatoires pour tous, même pour les absents, incapables ou dissidents.

ART. 37. — Les délibérations de l'assemblée générale sont constatées par des procès-verbaux inscrits sur un registre spécial déposé au siège social et signés par les membres des bureaux.

ART. 38. — La justification à faire vis-à-vis des sociétaires ou des tiers, des délibérations de l'assemblée générale, résulte des copies ou extraits des procès-verbaux certifiés conformes par le président du Conseil d'administration ou par un administrateur.

TITRE VI

ETATS DE SITUATION. — INVENTAIRES ET COMPTES ANNUELS

ART. 39. — L'année sociale commence le premier janvier et finit le trente-un décembre.

Par exception, le premier exercice comprendra le temps écoulé entre le jour de la constitution définitive de la Société et le 31 décembre 1892.

Chaque semestre, au 30 juin et 31 décembre, un état résumant la situation active et passive de la Société sera dressé par les soins du Conseil d'administration. Cet état sera mis à la disposition des commissaires de surveillance.

Il est en outre établi à la fin de chaque année sociale un inventaire contenant l'indication des valeurs mobilières et immobilières et de toutes les dettes actives et passives de la Société.

Dans le bilan de la présente année il figurera au passif les frais de premier établissement et d'organisation de la présente Société.

Art. 40. — L'inventaire, le bilan et le compte de profits et pertes, seront mis à la disposition des commissaires le quarantième jour avant l'Assemblée générale annuelle.

TITRE VII

INTÉRÊTS. — FONDS DE RÉSERVE. — PARTAGE DES BÉNÉFICES

Art. 41. — Sur les bénéfices nets réalisés chaque année, il sera prélevé :

1° 5 % pour la réserve statutaire conformément à la loi. Cette réserve est limitée au minimum.

2° 5 % comme allocation au Conseil d'administration pour la gestion.

3° Le surplus appartiendra moitié aux actions, et pour recevoir la destination indiquée à l'article 43 ci-après et l'autre moitié à la totalité des ouvriers sociétaires parmi lesquels figurent les actionnaires eux-mêmes, ces derniers n'ayant droit à aucun autre dividende.

Lesdits ouvriers sociétaires et actionnaires se répartiront cette somme entre eux après avoir subi le prélèvement de 50 % au profit des parts de fondateurs ci-après créées.

Toutefois, le Conseil d'administration pourra affecter, avec l'autorisation de l'assemblée générale, jusqu'à concurrence des trois quarts des bénéfices nets, à la création d'un fonds de réserve spécial.

TITRE VIII

PARTS DE FONDATEURS

Art. 42. — Il est créé, en faveur de tous les ouvriers qui entreront dans la mine, depuis le premier jour de l'ouverture des travaux jusqu'au 31 décembre 1892, autant de parts de fondateurs que d'ouvriers embauchés jusqu'à cette date.

Ces parts de fondateurs donneront droit au cinquante pour cent de la moitié des bénéfices attribués à tous les ouvriers sociétaires sans exception. Au décès ou à la retraite pour infirmités, pour incapacité de travail de chacun de ces ouvriers sociétaires fondateurs, sa part de fondation lui sera maintenue et sera reversible sur sa veuve, viagèrement, ou ses enfants mineurs jusqu'à leur majorité.

Au fur et à mesure des extinctions, ces parts seront annulées et les bénéfices feront retour à la masse attribuée à tous les ouvriers sociétaires.

Tout ouvrier engagé dans la mine aura droit dès le jour de sa rentrée à sa part dans la moitié des bénéfices (prélèvements fait des parts de fondateurs) proportionnellement aux sommes reçues par lui dans l'année à titre de salaire.

Les cas d'exclusion, soit d'un ouvrier sociétaire fondateur soit d'un ouvrier sociétaire, feront l'objet d'un règlement intérieur. Tout ouvrier exclu n'aura plus droit à aucune part aux bénéfices de la Société, du jour où son exclusion sera prononcée.

Les parts de fondateur, constituées à titre de pension alimentaire, seront nominatives, incessibles, insaisissables et indépendantes des actions de la Société.

TITRE IX

EMPLOI DES FONDS RECUEILLIS AUPRÈS DES POUVOIRS PUBLICS ET DES SOUSCRIPTEURS

ART. 43. — La part des bénéfices attribués aux actions, suivant l'article 11, aura une destination de bienfaisance motivée par la part prise par le Syndicat des Mineurs de la Loire à la réalisation des présentes et sur l'intention des fondateurs de la Société, qui en acceptant et sollicitant des souscriptions n'ont pas entendu demander la fortune pour eux, mais simplement un instrument de travail devant profiter à tous, en vertu de la solidarité qui doit unir tous les mineurs. Cette part ne comprend d'ailleurs pas tous les bénéfices revenant aux ouvriers associés, puisqu'elle ne se

compose que de 50 %, après les prélèvements de l'article 41,
et que lesdits ouvriers participent aux 50 % de solde sous
une autre forme, participation que les présents statuts con-
sidèrent comme suffisamment rémunératrice.

Elle sera distribuée en secours au profit de l'universalité
des mineurs se trouvant dans le malheur, et adhérents au
Syndicat des Mineurs de la Loire.

Un comité permanent dont les décisions prises à la majorité seront sans appel, sera composé : 1° des onze administrateurs de la Mine aux Mineurs parmi lesquels le Président du comité choisi de droit.

2° De onze autres répartiteurs, nommés en assemblée
générale du syndicat des mineurs de la Loire.

Les onze administrateurs de la Mine aux Mineurs seront
de droit membres de ce comité, pendant toute la durée de
leur mandat d'administrateurs de la Mine aux Mineurs.

Les onze autres répartiteurs seront nommés pour une
période de trois ans. Au décès ou à la démission d'un ou
plusieurs de ses membres, l'assemblée générale du syndicat
des mineurs de la Loire sera convoquée d'urgence pour procéder au remplacement des membres manquants.

Si le syndicat des mineurs de la Loire venait à ne plus
exister, les onze répartiteurs qu'il doit désigner seront remplacés par onze ouvriers mineurs sociétaires de Monthieux,
désignés chaque année en assemblée générale. Les secours
seront, dans ce cas, distribués aux mineurs malheureux du
bassin, au choix du comité. Dans les votes, la voix du président sera prépondérante, en cas de partage égal.

TITRE X

DISSOLUTION. — LIQUIDATION

ART. 44. — Le Conseil d'administration peut à toute époque et pour quelque cause que ce soit, proposer la dissolution anticipée et la liquidation de la Société.

La liquidation est de droit en cas de perte des trois
quarts du capital social.

ART. 45. — A l'expiration de la Société ou en cas de dissolution anticipée, l'assemblée générale règle souveraine-

ment le'mode de liquidation et nomme, s'il y a lieu, un ou plusieurs liquidateurs.

ART. 46. — Pendant toute la durée de la liquidation, les pouvoirs de l'assemblée générale se continuent pendant l'exercice de la Société. L'assemblée générale ordinaire a notamment le droit d'approuver les comptes de la liquidation et d'en donner quittance et décha e.

De même, les liquidateurs pourront, i vertu d'une délibération de cette assemblée, faire le transport à une autre société ou à un particulier, de tous les droits, actions et obligations de la Société.

TITRE XI

CONTESTATIONS

ART. 47. — Tout actionnaire ou ouvrier sociétaire est tenu de faire élection de domicile dans le département de la Loire et, en cas de contestations, toutes notifications et assignations sont valablement signifiées au domicile par lui élu, sans avoir égard au domicile réel.

A défaut d'élection de domicile, cette élection a lieu de plein droit au parquet de M. le Procureur de la République près le tribunal de première instance de Saint-Etienne.

TITRE XII

FORMALITÉS CONSTITUTIVES. — PUBLICATIONS

ART. 48. — La présente Société ne sera définitivement constituée qu'après :

1º La souscription des six cents actions qui sont à souscrire, et le versement par chacun des souscripteurs du dixième du montant de la souscription, ce qui sera constaté par un acte de déclaration faite conformément à la loi.

2º L'accomplissement de toutes les autres formalités prescrites par les articles 24, 25, 27, et 30 de la loi du 24 juillet 1867.

Les statuts seront déposés aux minutes de Me Fessy-Moyse, notaire à Saint-Etienne.

ANNEXE II

MODIFICATIONS APPORTÉES AUX STATUTS EN DÉCEMBRE 1900

TITRE PREMIER

ARTICLE PREMIER. - Il est formé, par ces présentes, une Société civile anonyme, à capital et personnel variables, entre tous les propriétaires des actions déjà existantes et celles ci-après émises.

La Société sera composée d'ouvriers exerçants une profession utile à l'exploitation de la houillère de Monthieux.

Aucun des actionnaires de la Société stéphanoise ne pourra faire partie de plusieurs Sociétés minières existant dasn le département de la Loire.

Tout actionnaire de la Société stéphanoise de la Mine aux Mineurs de Monthieux qui s'absenterait de son travail pendant une période de huit jours, et sans l'autorisation préalable du Conseil d'administration, ni excuse valable, sera puni d'une mise à pied de huit jours. En cas de récidive, le fait sera porté devant l'assemblée générale qui jugera de la pénalité à appliquer.

Cette Société sera régie conformément à la loi du 24 juillet 1867 et à celle du 1er août 1893.

ART. 2. — Cette Société a pour objet : l'exploitation, par

les ouvriers associés, des Houillères de Monthieux et de toute autre Houillère, la vente de la houille, la fabrication des cokes et agglomérés et toutes opérations commerciales et industrielles pouvant intéresser la Société et se rattachant à la houille, l'acquisition de cette houillère et de son matériel.

ART. 3. — La Société prend la dénomination de Houillères de Monthieux, Société Stéphanoise de la Mine aux Mineurs. Son siège social est à Saint-Etienne, à Monthieux, dans les bureaux de la mine.

ART. 4. — La durée de la Société est illimitée ainsi que le nombre des associés.

Elle ne prend pas fin par la sortie, le décès, l'interdiction ou la radiation d'un ou plusieurs associés puisqu'elle recrute incessamment de nouveaux membres.

Elle continue donc de plein droit entre les autres sociétaires.

Elle ne peut prendre fin que par le vote d'une majorité représentant les neuf dixièmes des actions, mais en cas de perte des 3/4 du capital social, la dissolution pourra avoir lieu conformément à l'article 37 de la loi du 24 juillet 1867.

TITRE II

ART. 5. — Le capital social fixé primitivement à 60.000 francs, divisé en 600 actions de 100 francs chacune a été porté à 68.200 francs par la création de 82 actions nouvelles de 100 francs.

Ces 82 actions nouvelles ont été émises entre les actionnaires primitifs et réparties par les soins du Conseil d'administration.

Chaque actionnaire pourra être titulaire d'une ou plusieurs actions.

Les actions ne pourront être réparties qu'entre les actionnaires actuel de la Société.

En cas de décès, retrait volontaire ou révocation régulière d'un ou plusieurs actionnaires, leurs actions feront retour de plein droit à la Société qui décidera en assemblée générale la répartition de ces actions entre les actionnaires restants ou entre de nouveaux actionnaires, dont l'admission sera faite à la majorité fixée ci-après pour la modification des statuts, article 31 et d'après les conditions de l'assemblée générale.

ART. 8. — La cession des titres nominatifs a lieu par une déclaration de transfert inscrite sur les registres de la Société, et signée du cédant et du cessionnaire ou de leurs mandataires, et visée par un membre du Conseil d'administration.

TITRE III

ART. 19. — Les administrateurs sont chargés de préparer la répartition des bénéfices ainsi qu'il est dit ci-après à l'article 41.

TITRE V

ART. 28. — L'assemblée générale se réunit de droit deux fois par an dans le courant du premier et du deuxième semestre.

Les actionnaires et les sociétaires peuvent en outre être convoqués en asemblée générale par le Conseil d'administration lorsqu'il le juge utile.

Les réunions ont lieu dans un local désigné et choisi par l'administration.

Les convocations aux assemblées générales doivent être faites par un avis inséré vingt jours au moins avant l'époque de la réunion dans un journal de Saint-Etienne.

Les avis de convocation devront indiquer l'objet de l'assemblée et l'ordre du jour devra être tenu au siège social, à la disposition des actionnaires, sept jours au moins avant la réunion.

ART. 31. — Par exception, lorsque l'assemblée générale est appelée à délibérer sur la cession de la Société, l'augmentation ou la diminution du capital social, sur des modifications aux statuts, sur la prorogation ou la disso-

lution anticipée de la Société, elle n'est régulièrement constituée et ne délibère valablement qu'autant qu'elle est composée d'un nombre d'actionnaires représentant au moins
les trois quarts du capital social et que si ces trois quarts
se sont prononcés pour ou contre, c'est-à-dire que si l'assemblée générale se composait exactement que des trois
quarts du capital social, il faudrait l'acceptation de l'unanimité des membres présents.

Si, sur une première convocation, l'assemblée n'avait
pu se constituer dans ces conditions huit jours au moins
après la date fixée pour la première réunion, une nouvelle
assemblée sera convoquée dans les mêmes formes et délais
que la première.

Cette seconde assemblée ne pourra également délibérer
valablement que si les actionnaires présents ou représentés
sont propriétaires de la moitié au moins du capital social.

Art. 35. — Dans toutes les assemblées générales, les délibérations seront prises à la majorité des membres présents
à une voix par membre, c'est-à-dire par action, sauf les cas
prévus par l'article 31.

Le nombre des membres présents est constaté sur la
carte d'admission et sur la feuille de présence.

Le scrutin secret a lieu toutes les fois que la demande en
est faite par cinq actionnaires. En cas de vote au scrutin
secret, chaque membre de l'assemblée, à l'appel de son
nom, présente son vote en un pli fermé.

TITRE VI

Art. 39. — L'année sociale commence le 1er juillet et
finit le 30 juin.

Chaque semestre, au 30 juin et au 31 décembre, un état
résumant la situation active et passive de la Société sera
dressé par les soins du Conseil d'administration. Cet état
sera mis à la disposition des commissaires de surveillance.

Il est en outre établi à la fin de chaque année sociale un
inventaire contenant l'indication des valeurs mobilières et
immobilières et de toutes les dettes actives et passives de la
Société.

TITRE VII

ART. 41. — Sur les bénéfices nets et réalisés chaque année il sera prélevé :

1° 10 % pour la réserve statutaire, conformément à la loi.

2° 45 % pour recevoir la destination indiquée à l'article 43 ci-après.

3° 22 1/2 % au profit des parts de fondateurs ci-après créées.

4° 22 1/2 % à titre de dividende, au profit des actionnaires.

Toutefois, le Conseil d'administration pourra affecter, avec l'autorisation de l'assemblée générale, jusqu'à concurrence de trois quarts des bénéfices nets à la création d'un fonds de réserve spécial.

TITRE VIII

ART. 42. — Il est créé, en faveur de tous les ouvriers qui entreront dans la mine, depuis le premier jour de l'ouverture des travaux jusqu'au trente-un décembre 1892, autant de parts de fondateurs que d'ouvriers embauchés jusqu'à cette date.

Ces parts de fondateurs donneront droit au 22 1/2 % des bénéfices, conformément à l'attribution résultant de l'art. 41. Au décès ou à la retraite pour infirmités pour incapacité de travail de chacun de ces ouvriers fondateurs, sa part de fondation lui sera maintenue ou sera réversible sur sa veuve, viagèrement et, à défaut de sa veuve, sur ses enfants mineurs jusqu'à leur majorité.

Au fur et à mesure des extinctions, ces parts seront annulées et les bénéfices feront retour à la masse attribuée à tous les ouvriers sociétaires.

Les cas d'exclusion, soit d'un ouvrier sociétaire fondateur, soit d'un ouvrier sociétaire seront prononcés par l'assemblée générale qui, aux termes de la loi du 24 juillet 1867 sur les sociétés, est seule compétente.

Tout ouvrier exclu, n'aura plus droit à aucune part aux bénéfices de la Société, du jour où son exclusion sera prononcée.

Les parts de fondateurs, constituées à titre de pension alimentaire, seront nominatives, incessibles, insaisissables et indépendantes des actions de la Société.

ANNEXE III

RÈGLEMENT DISCIPLINAIRE
de la
SOCIÉTÉ STÉPHANOISE DE LA MINE AUX MINEURS DE MONTHIEUX

Adopté par l'Assemblée générale du 15 août 1893

ARTICLE PREMIER. — Toutes les personnes employées à un titre quelconque, soit dans les bureaux, soit au jour ou au fond, soit pour les affaires industrielles ou commerciales de la Société et qui ne seront pas sociétaires seront purement et simplement occupées suivant les règles admises par l'usage entre patrons et ouvriers, le Conseil d'administration de la Société stéphanoise représentant vis-à-vis d'eux l'universalité des sociétaires de la Mine aux Mineurs.

ART. 2. — Tous les ouvriers sociétaires de la Mine aux Mineurs devront s'efforcer de maintenir entre eux les meilleures relations de solidarité et de bonne confraternité ; ils seront tenus d'obéir strictement aux ordres de leurs surveillants et chefs de poste chargés de diriger le travail et le service ; de leur côté, ces derniers devront toujours se montrer justes et convenables envers les ouvriers sociétaires.

ART. 3. — Tous diff(e..)nds qui s'élèveraient entre chefs de postes, surveillants ou autres ouvriers sociétaires, tant à l'intérieur qu'à l'extérieur, seront examinés par une commission d'arbitrage nommée en assemblée générale des sociétaires, qui, après avoir ente(n)du les deux parties, se réunira avec le Conseil d'administration et jugera, s'il y a lieu, de leur appliquer le règlement et de convoquer une assemblée qui tranchera le différend.

ART. 4. — Tout sociétaire qui viendrait à son travail dans un état d'ébriété reconnu sera sommé par le surveillant de se retirer et devra se soumettre à cet ordre sans observation. En cas de rébellion, le cas sera soumis à la commission d'arbitrage qui se prononcera et fera respecter le règlement. La commission d'arbitrage, d'accord avec le Conseil d'administration, pourra punir de 1 à 3 jours de mise à pied celui qui aura enfreint le présent règlement. Les faits d'une certaine gravité seront portés devant une assemblée convoquée par la commission d'arbitrage et le Conseil d'administration.

ART. 5. — Tout ouvrier sociétaire qui manquerait à son travail ou à son service sans avoir prévenu ou sans excuse légitime ou qui ne fera pas son service consciencieusement sera cité devant la commission d'arbitrage qui lui appliquera, s'il y a lieu, les pénalités de l'article 4.

ART. 6. — En principe, tous les ouvriers sociétaires travaillant à l'intérieur feront un travail effectif de 8 heures au moins, la demie heure de repas comprise. En aucun cas, la journée ne pourra être supérieure à 9 heures non compris la descente et la montée.

ART. 7. — Les ouvriers de l'extérieur devront débarrasser la sortie sans que leur journée dépasse 10 heures de travail effectif. S'il était nécessaire de les retenir davantage, leurs heures supplémentaires seraient payées. Exception est faite pour les machinistes, chauffeurs ou receveurs qui doivent faire 12 heures de travail par jour.

ART. 8. — Tout ouvrier embauché après avoir pris connaissance dudit règlement, devra s'y conformer ainsi qu'à toutes ses conséquences.

Art. 9. — La paye se fera les 10 et 25 de chaque mois, et si ces dates tombent un dimanche ou un jour férié, elle sera faite la veille s'il y a possibilité.

Art. 10. — Tous les ouvriers sociétaires devront se conformer aux ordres de service qui pourraient être donnés plus tard par le Conseil d'administration pour la bonne marche de l'exploitation, les ouvriers étant tous tenus de se conformer rigoureusement au règlement de l'administration des mines.

Art. 11. — Chaque surveillant devra strictement exécuter les ordres de l'ingénieur et, en plus, devra fournir à ce dernier un rapport sur le travail de chaque jour et le nombre d'hommes employés. L'ingénieur seul aura le droit de placer les surveillants qui seront pris dans la société.

Art. 12. — L'ingénieur sera de diriger l'intérieur et la direction de l'extérieur est confiée à MM. Jourjon, contrôleur, et Jourjon, maître forgeur. En conséquence, l'administration n'aura qu'à faire exécuter les décisions prises en séances et qui seront inscrites sur le livre des procès-verbaux. Hors de leurs fonctions les membres du Conseil d'administration doivent se considérer comme de simples sociétaires, de même que les sociétaires sortis de l'assemblée doivent se considérer comme de simples ouvriers.

Art. 13. — En ce qui concerne l'exploitation intérieure et extérieure, les chefs de service pourront avoir voix consultative dans les séances du Conseil chaque fois que le Conseil d'administration et les chefs de service le jugeront à propos.

Art. 14. — Une commission de contrôle sera nommée pour rendre compte aux sociétaires de l'état financier de la Société. Une ligne de conduite sera tracée et tous devront s'y conformer ; celui qui aura des réclamations à faire devra les présenter lui-même. Chaque assemblée générale pourra lever, tous les trois mois, les punitions édictées par l'art. 4 contre ceux qui se seraient rendus coupables d'injures ou de menaces, réembaucher les sociétaires révoqués et punir par contre ceux qui le mériteraient.

ANNEXE IV

RÉGLEMENT DISCIPLINAIRE
· de la
SOCIÉTÉ STÉPHANOISE DE LA MINE AUX MINEURS
DE MONTHIEUX

Adopté le 8 septembre 1895

ARTICLE PREMIER. — Toutes les personnes employées à un titre quelconque, soit dans les bureaux, soit au jour ou au fond, soit pour les affaires industrielles ou commerciales de la Société, et qui ne seront pas sociétaires, seront purement et simplement occupées suivant les règles admises par l'usage entre patrons et ouvriers, le Conseil d'administration de la Société Stéphanoise représentant vis-à-vis d'eux l'universalité des sociétaires de la Mine aux Mineurs.

ART. 2. — Tous les ouvriers de la Mine aux Mineurs (sociétaires ou auxiliaires) devront s'efforcer de maintenir entre eux les meilleures relations de solidarité et de bonne confraternité ; ils seront tenus d'obéir strictement aux ordres donnés par l'ingénieur, les surveillants et chefs de postes, chargés de diriger le service ; de leur côté, ces derniers devront toujours se montrer justes et convenables envers les ouvriers.

L'administration transmettra ses ordres à l'ingénieur-directeur qui les fera exécuter après avoir examiné les rapports.

Art. 3. — Tous différends qui s'élèveraient entre chefs de postes, surveillants et autres ouvriers de la Mine, tant à l'intérieur qu'à l'extérieur, seront examinés par le Conseil d'administration qui, après avoir entendu les deux parties, jugera s'il y a lieu de leur appliquer le règlement.

Pour faits graves, le cas sera soumis à la commission d'arbitrage nommée par les sociétés de production et de consommation de Saint-Etienne ; les faits simples seront réglés par le Conseil.

Art. 4. — La discipline étant une condition indispensable au bon fonctionnement de toute association, tout ouvrier qui provoquerait des actes de désordre ou de nature à porter atteinte à la Société, sera déféré au Conseil d'administration qui pourra le suspendre jusqu'à la réunion d'une assemblée générale.

Il en sera de même pour les ouvriers qui manqueraient à leur travail sans excuse légitime ou qui, s'étant présentés au chantier en état d'ébriété, ne se seraient pas retirés sur la sommation à eux faites par le surveillant.

Le Conseil d'administration pourra également suspendre, jusqu'à la prochaine assemblée générale, les ouvriers qui se rendraient coupables d'insultes, outrages ou rébellion vis-à-vis de l'administration, de l'ingénieur ou des chefs de services.

Pour les infractions de moindre importance, c'est le Conseil d'administration qui applique les amendes ou mise à pied, telles qu'elles ont été votées par l'assemblée générale du 20 mai 1891 ; une amende de 1 franc à 3 francs, ou une mise à pied de un à trois jours et, pour un manque de travail très prononcé ,appliquer le paragraphe 2 de l'article 1 des statuts.

Art. 5. — Les ouvriers (sociétaires et auxiliaires) auront toujours le droit, s'ils ont une réclamation ou une plainte à formuler, de s'adresser au Conseil d'administration qui sera tenu de les entendre, d'examiner le cas avec impartialité et de leur donner satisfaction si la demande est justifiée.

ART. 6. — En principe, tous les ouvriers travaillant à l'intérieur feront un travail effectif de 8 heures au moins, la demi-heure de repas comprise. En aucun cas, la journée ne pourra être supérieure à 9 heures non compris la descente et la montée.

ART. 7. — Les ouvriers de l'extérieur devront débarrasser la sortie sans que leur journée dépasse 10 heures de travail effectif. S'il était nécessaire de les retenir davantage, leurs heures supplémentaires seraient payées. Exception est faite pour les machinistes, chauffeurs ou receveurs qui doivent faire 12 heures de travail par jour.

ART. 8. — La paye se fera les 10 et 25 de chaque mois et, si ces dates tombent un dimanche ou un jour férié, elle sera faite la veille s'il y a possibilité.

ART. 9. — Chaque surveillant devra strictement exécuter les ordres de l'ingénieur et, en plus, devra fournir à ce dernier un rapport sur le travail de chaque jour et le nombre d'hommes employés. L'ingénieur seul aura le droit de placer les surveillants qui seront pris dans la Société.

ART. 10. — L'ingénieur est chargé de la direction des travaux, tant à l'intérieur qu'à l'extérieur, après avoir reçu les ordres de l'administration.

En conséquence, l'administration n'aura qu'à faire exécuter les décisions prises en séances et qui seront inscrites sur le livre des procès-verbaux. Hors de leurs fonctions, les membres du Conseil d'administration doivent se considérer comme de simples ouvriers.

ART. 11. — En ce qui concerne l'exploitation intérieure et extérieure, les chefs de service pourront avoir voix consultative dans les séances du Conseil chaque fois que le Conseil d'administration et les chefs de service le jugeront à propos.

ART. 12. — Il demeure bien entendu que, conformément à la loi, l'assemblée générale est souveraine et qu'elle statue en dernier ressort sur les peines disciplinaires prononcées en vertu de l'article 4. Elle a le droit de les maintenir

17

pour la durée qu'elle jugera convenable, de les transformer en radiation ou de les lever purement et simplement.

Tout sociétaire qui, soit au travail, soit dans une assemblée générale, se servirait de mots grossiers ou prononcerait des paroles calomnieuses de nature à porter atteinte aux intérêts de la Société, sera passible de l'application des peines énoncées en l'article 4.

ART. 13. — Le présent règlement est obligatoire pour le personnel tout entier de la Mine aux Mineurs, lequel devra s'y conformer, ainsi qu'à toutes ses conséquences.

TABLE DES MATIÈRES

PREMIÈRE PARTIE

Ce qui a pu donner l'idée de constituer une Mine aux Mineurs

DEUXIEME PARTIE

La Création de l'Entreprise

TROISIEME PARTIE

La Vie de l'Entreprise

QUATRIEME PARTIE

Les Résultats

CINQUIÈME PARTIE

Les Causes de l'Insuccès

ANNEXES

Imprimerie de la *Revue Judiciaire*, 23, rue Claudia, Lyon

www.ingramcontent.com/pod-product-compliance
Lightning Source LLC
Chambersburg PA
CBHW060346200326
41519CB00011BA/2049